多彩山河

赏 中国古镇

钟 斐/著

中国原子能出版社

图书在版编目（CIP）数据

多彩山河：赏中国古镇 / 钟斐著 . -- 北京：中国
原子能出版社，2022.6
ISBN 978-7-5221-1993-9

Ⅰ.①多… Ⅱ.①钟… Ⅲ.①乡镇—介绍—中国
Ⅳ.① K928.5

中国版本图书馆 CIP 数据核字（2022）第 106249 号

内 容 简 介

本书系统阐述了中国不同古镇的自然风景、历史风貌、人文风采等，具体包括庄重大气的北方古镇、恬静优雅的江南古镇、文化底蕴浓厚的历史古镇、风景秀丽的山水古镇、茶马古道上的各大古镇等。全书内容丰富、文字清丽、图文并茂，为读者展示了中国不同地域环境中古镇的风情，能给读者带来良好的阅读体验。

多彩山河：赏中国古镇

出版发行	中国原子能出版社（北京市海淀区阜成路 43 号 100048）
责任编辑	白皎玮
责任校对	冯莲凤
印　　刷	北京亚吉飞数码科技有限公司
经　　销	全国新华书店
开　　本	710 mm × 1000 mm　1/16
印　　张	14.25
字　　数	157 千字
版　　次	2022 年 6 月第 1 版　2022 年 6 月第 1 次印刷
书　　号	ISBN 978-7-5221-1993-9　　定　价　86.00 元

网　　址：http://www.aep.com.cn	E-mail:atomep123@126.com
发行电话：010-68452845	版权所有　侵权必究

前言

中国古镇不仅自然风光秀丽，令人赞叹，而且历史悠久，富有文化底蕴，是中国多彩山水间不可缺少的人文风景和宝贵的文化遗产。

本书带你探寻中国古镇的历史，于多彩山水间、悠悠古韵中发掘中国不同古镇的自然风景、历史风貌、人文风采。

北方古镇，或地处边关要塞，或因商贸而繁荣，如京畿门户古北口、晋商传奇之乡平遥、脚踏三省的青木川、山水田园徽州古村镇等，这些古镇在壮丽风光中书写着历史豪情。

江南古镇，恬静优雅，如诗如画，如碧玉周庄、梦里南浔、烟雨西塘、风情用直等。来到这里，仿佛打开了一幅美妙画卷，千年江南缩影便散落在这些风光秀美的古镇中。

历史古镇，将历史人文融入不同地域的山水间，在不同的历史时期散发光彩，如文化之乡阆中、土楼王国梅林、瀑布上的芙蓉镇、帝王故里龙门等。在这里，无数历史人物与故事留下的时光掠影，凝聚成古镇的文化民俗。

山水古镇，仿佛大自然中的一颗颗明珠，如清秀婺源、画乡凤凰、文艺丽江、魅力大理、天空之境香格里拉等。灵逸的自然风景融入古镇的各个角落，一步一景，令人心旷神怡。

古道古镇，由茶马古道上的驿站发展而来，如天下盐仓西溪、茶路之源易武、丝路陶都恰萨、皮匠之乡束河等。这些古镇所记录的古代商贸与文化交流，正是我们所探寻的宝贵财富。

本书阐述和展示了五大类、五十个中国古镇的不同自然地理与历史人文，全书内容丰富、体系完整、文字清丽、图文并茂，旨在让读者全方位领略中国古镇的山水风光与文化之美，相信读者读后一定受益匪浅、回味无穷。

游历中国古镇，赏风景、探人文，阅读本书，享受一场视觉与心灵双重震撼的古镇之旅。

钟 斐

2022 年 5 月

目录

第一章
千年古镇，悠悠古韵

第二章
北国风光，尽显大家风范

第三章
恬静水乡，碧水画船听雨眠

第四章
时光掠影，遥寄历史论古今

第五章
灵逸自然，徜徉清秀山水间

第六章
古道驿站，贸易线上的古镇

探寻古镇的源起

一方山水，一方风情

包罗万象的古镇风采

古镇风貌与文化传承

第一章

千年古镇，悠悠古韵

　　青石板，宽窄巷，小桥流水，黛瓦白墙……古镇给人留下了清幽淡远的时代印象。

　　中国现有的乡镇数量接近三万，其中历史超过百年的古镇就有两百多个，它们分布在我国广袤的土地上，或古朴典雅，或大气粗犷，各有各的风情和韵味。闲步古镇，微风轻吟，那儿的一草一木、一砖一石都在诉说当年的故事。

探寻古镇的源起

　　古镇，通常由大规模的古代建筑群构成，有民居、祠堂、牌坊、古桥、古城墙、古码头等。在古代，人们择一地聚集而居，将一地建设发展形成古城镇通常有两种情况：一种是集政治、军事、经济功能于一体的古城，另一种是基于经济贸易往来的需求自然聚落而成的古镇。作为古人进行区域性商业活动的中心，各个时期的一些古镇围绕着不同形式、不同性质的商业活动聚落而成。

　　历史悠久的建筑、传统的民俗民风、风光秀丽的山水等，构成古镇与众不同的文化与自然空间。

　　中国古镇历史悠久，人文荟萃，具有深厚的文化底蕴。

　　然而，并非所有古镇都能长存至今，这要从古镇的用途及其在历史上扮演的角色转换说起。

　　我国最早的古镇可以追溯到千年以前，由宋代开始兴起，在元代

水汽氤氲的江南水乡乌镇

和明代得到进一步发展和演变。宋代的"镇"，一部分兴起于军事，其余大部分都是由市集、港口等商贸、产地发展而来，到了元代，运河通航带动了城镇发展，而明代工商业发达，商业城镇兴起，市镇的发展重心进一步朝着棉纺织业、制瓷业等手工业的方向延伸，商业发展成为城镇扩张的主流方向。

历史的变迁与军商、农业、手工业的发展，为古镇的延存奠定了转化的基础。古镇的功能从最早的军事要地变成了后来以经济职能和税收为主，从最初的军镇，逐渐向着以市集、港口等贸易场所为中心的城镇转变，还有一些资源型城镇，围绕矿产或其他自然资源的开发而聚成，都曾在历史的某些时期兴起并繁荣。

南浔古镇的清晨

　　时光荏苒，古镇的形色风光，早已随着岁月变迁而转变。到了现代，古镇随着旅游热的兴起而重现光芒。1984 年，陈逸飞的名作《故乡的回忆》将江南水乡的秀丽风光呈现在世人面前，水乡古镇的品牌一炮打响，周庄自此成为旅游胜地。1986 年，苏州同里古镇亦大力发展起了旅游业。

　　20 世纪 90 年代以来，随着江南古镇知名度的不断提升，我国古镇的旅游经济进入了高速发展的阶段。2001 年，随着周庄、同里、角直、乌镇、南浔、西塘六大古镇被列入世界文化遗产预备清单，古镇旅游热持续升温，全国各地相继推出各自的古镇品牌，而这股热潮一直延续至今。

2020年2月劲旅咨询与中国古镇网合作发布的《中国古镇旅游发展趋势研究报告》显示，浪漫悠闲的古镇游依旧是现代人最青睐的度假选择之一，这也带动了大批江南水乡古镇和一些北方古镇的迅猛发展。沧桑的历史铸就了古镇深厚的文化底蕴，而现代社会则赋予了小镇崭新的魅力与风采。

古人眼中的古镇，恰似今人眼前的繁华；今人眼中的古镇，则是一场古今相遇的梦回，缱绻耳语，古镇瑰色如昨，历历如新。

最初的镇

最初，镇指的是"一方之首山"，即特定范围内最为高大雄伟的山。而这些山上一般常驻兵马，是镇守要地，"镇"由此慢慢演变为区域概念。至北魏时，镇正式成为行政建制单位，后被唐代所沿袭。到了北宋，镇的职能悄然改变，由地方行政建制演变为乡村一带的商品集散地，百姓们聚于此地，安居乐业，商贸往来不歇，是今日古镇之雏形。

一方山水，一方风情

看厌了高楼大厦和车水马龙，何不暂时逃离钢筋水泥的丛林，去探寻遗落在祖国大江南北的古镇。所谓一方水土养一方人，不同的地理环境造就了不同的自然景观，亦催生了多姿多彩的古镇风情。

选址与布局

中国古人讲究风水布局，他们相信定居的乡村、集镇地理位置的选定与子孙繁衍、家族兴盛息息相关。而地势平坦宽阔、依山傍水、风景秀丽的地区往往成为古人们建设村镇、安居乐业的首选之地。

南方雨水丰润，草木葱茏，河流众多，江南和中南部的古镇一般建立在河流的北岸，以山环水绕、日照充足为宜。河道弯曲延伸，符合当地居住习惯的特色建筑依河道而建，一座座码头迎来送往，见证着小镇的兴衰起落。其建筑风格以朴素淡雅为主，最著名的江南古镇有浙江的乌镇、南浔、西塘，江苏的周庄等。

处于我国东南、西南山区地带的古镇一般是呈竖向分布的，古镇内街巷纵横交错，交通发达，比如重庆的濯水古镇等。

我国北方的古镇一般建立在地形平坦开阔之地，街道平整明亮，建筑大气沉稳，以大院式建筑为主，四合院也很常见。北方古镇非集群式分布，自带一股粗犷豪迈的原始气息，别有一番风味，具有代表性的古镇有北京的古北口古镇、河北胜芳古镇等。

濯水古镇光顺号

"江水三回曲，愁人两地情。磨围山下色，明月峡中声。"

说起自古多情的黔江故地，便不得不提濯水。作为我国国家级的历史文化名镇，濯水古镇与酉阳龙潭古镇、龚滩古镇合称"酉阳三大名镇"。作为濯水古镇第一大古建筑的光顺号，建筑面积超过 800 平方米，曾是徽商商号，后来成为当地神医的住所。光顺号在木雕、石雕等方面展现出一流的技艺水平，在建筑用的窗扇、门板及天井望柱上可以见到多样且逼真的艺术形象。

重庆濯水古镇

风格与特色

　　豪迈大气的北方古镇。我国北方地区以平原及高原地形为主，视野开阔。相比南方古镇的风光秀丽、旖旎多情，北方古镇显得更敦实粗犷、豪迈大气，主要分布在北京、河北、山西等地。

　　温柔精致的水乡古镇。我国南方地区平原、盆地、高原和丘陵交错分布，夏季高温多雨，草木茂盛，水资源富集，这造就了南方水乡温润柔和的风貌，而最为典型的水乡古镇则主要分布在江浙一带。

神秘浪漫的西南古村落群。我国西南地区包括四川盆地、云贵高原等，大江大河较多，降水丰富，位于西南地区的古镇、古村落群大都依山傍水，浸润着巴蜀文化的气息，代表古镇有四川的阆中等。

极具特色的岭南古镇。我国岭南地区地貌类型复杂多样，总体山地较多，全年气温较高，雨水充沛，位于岭南的古镇有着鲜明的地域特色，代表古镇有广东的松口镇、福建的梅林镇等。

包罗万象的古镇风采

中国古镇包罗万象，从北国古镇的豪迈与苍凉到江南水乡的泼墨柔情，无不体现着这个古老国度深厚的文化积淀与人文底蕴。其中，最值得一提的是古镇丰富的建筑类型和别样的民俗风采。

丰富的建筑类型

祠堂。中国古镇中最为重要的建筑类型莫过于祠堂，其起源于汉代，最初为王室贵族的祭祀场所，民间直至明朝嘉靖年间才开始有大规模建筑家族祠堂的记载。到了清代，几乎各村镇都建有祠堂。祠堂的主要功能是用作祭祖，除此之外，一般情况下，祠堂还是家族举办大型活动的场所。

　　桥。拱桥、风雨桥等不同形制的桥凝聚着古人的智慧，见证了古镇的历史。尤其是在江南古镇中，桥是必不可少的存在。

　　牌坊。牌坊又名牌楼，是带有纪念性质的建筑物。牌坊历史悠久，形式多样，现存的古牌坊以徽州古镇、古村落中最多。

　　楼阁。各地古镇都缺少不了楼阁的身影。在早期，楼指重屋，阁指下层架空的建筑。古代楼阁有着多种建筑形式，而在如今的古镇中，作为祈求文运的场所，文昌阁成为常见建筑形式之一。

拱桥

牌坊

别样的民俗风采

古镇的民俗文化体现在方方面面，如人们的日常饮食、特色服饰、节日习俗、传统手工艺等。比如，北方的暖泉古镇有着"打树花"这一古老的节日习俗，绚烂无比，震撼人心。南方的周庄古镇在每年的大年初一都会组织原住民和游客去"打春牛"，热闹非凡。

在服饰、传统手工艺方面，江浙一带的古镇刺绣技艺代代相传，

　　四川丹巴的男女老少每逢节假日都盛装打扮，浓郁的藏族风情十分迷人，而贵州特色的苗族服饰和璀璨美丽的银饰受到了全国人民的喜爱。

　　不同地域的古镇的饮食文化亦是千变万化。山西平遥古城的"八八宴席"自古有名，湖南芙蓉镇的当地美食有米豆腐、油粑粑等。

别具特色的苗族服饰细节

古镇风貌与文化传承

中国古镇因地理位置、文化背景的不同而呈现出不同的风貌，有的因河成镇，有的依山建镇，有的镇坐落于边陲一隅，有的镇矗立于深山江畔。而在古镇发展的历史进程中，不但孕育了丰富多彩的物质文化及非物质文化遗产，也催生了绵延不绝的精神文化遗产。

古镇风情令人陶醉，而其所传递的悠久的历史文化古韵也令人神往、赞叹。就在我们谈古论今，感叹古镇之"前世今生"时，接踵而来的问题却浮现眼前：在如今这样一个日新月异的时代，古镇风貌何以保存并焕发新生？古镇深厚的历史文化底蕴何以传承？

"岁月失语，惟石能言。"古镇是历史的鲜活载体，那儿的一砖一瓦都曾见证过历史发展的独特路径。想要守护古镇的千年风华，就要结合其深厚的历史文化积淀，展开深度思考，通过不断的尝试去探索出一条古镇旅游开发与传统文化传承双管齐下的道路。

古北口：京畿门户

赊店：北骑达山岳，南帆指江湖

平遥：见证千年晋商传奇

青城：黄河水岸的边关风情

青州：右有山河之固，左有负海之饶

暖泉：中国民俗第一堡

青木川：脚踏三省，傲立汉中

南阳：运水河畔悠然安居

胜芳：北方水乡，万古流芳

徽州古村镇：一袭水墨话田园

第二章

北国风光，

尽显大家风范

　　苍劲的古木、斑驳的城墙、耸立的牌楼，构成北方古镇独特的自然风景和人文气息。

　　北方古镇壮美大气又不失秀丽，这里的每一座城、每一个村落都有着悠久的历史。漫步青石砖上，欣赏北方古镇庄重典雅的建筑风光的同时，想象多年以前的古人也曾踏足在这一方土地，在他们身上曾发生过许多故事，怀古观今，这正是北方古镇所蕴含的历史文化所带给人们的心灵震撼。

古北口：京畿门户

北京市密云区的古北口，位于山海关与居庸关中间，该地地势陡峭、山路艰险，是燕山峰峦叠嶂中的一个重要浅山地带，素有"京畿门户"之称。

古北口古镇地处燕山山脉，位于古北口长城脚下，四面环山。一条河流从这里自然形成的村落中间穿过，与长城形成合围之势，为古北口村落和古镇的发展奠定了良好的基础。

古北口有近4500年的历史，因此，这里有很多人文古迹，如古北口瓮城（建于明代）、药王庙（建于明代，庙中套庙的建筑结构颇具特色）、杨令公庙（建于北宋）等。

古北口古镇的民居建筑基本保留了民国时期的"一纵四横"的鱼骨式格局，街道宽窄不一，结构清晰。镇上的民居多为四合院式院落结构与布局，建筑用料就地取材，为砖木结构，院落以砖墙或石墙围

山水相依的古北口

合。整个古镇的每一户院落都随地势的走向而建，灵活变化、错落有致。

"古北口"名字的由来

相传，清朝乾隆皇帝途径古北口时，被古北口的自然风光所吸引，赞叹此地长城内外的风景宜人。

乾隆皇帝见城南门和城北门的门楣上分别有"古关""北口"字样，遂将此地命名为"古北口"。古北口因此而得名。

秋日的司马台长城

　　古北口作为京北重要门户，建有著名的明代长城，著名的司马台长城（古北口长城的一段），比较完整地保留了明长城原貌，体现了明长城"惊、险、奇、特"的选址与建筑特点。

　　古北口特殊的地理位置使得这里四季分明，层峦叠翠，无论哪个季节来到古北口，都能感受到古北口浓浓的历史文化气息，欣赏到别样的自然风景之美。

古北口长城

赊店：北骑达山岳，南帆指江湖

　　赊店古镇位于我国河南省西南部，在伏牛山南麓，初建于春秋时期，在清代时发展成为重要的商业名镇。这里"依伏牛而襟汉水，望金盆而掬琼浆；仰天时而居地利，富物产而畅人和"，有"天下店，数赊店"之称。①

　　赊店古镇地处南北九省交通要道，交通便利，也因此成为南北各地商人的聚集地，从事各类贸易的商人汇聚此地，彼此互通有无，创造了赊店的繁荣。

　　赊店古镇内的许多古建筑还原了繁盛时期的赊店古镇经济、文化发展景象。

　　瓷器街是赊店古镇颇具特色的清代商业街，街旁镖局、票号、会

---

① 七律·题社旗山陕会馆 [EB/OL].https://www.jianshu.com/p/6a3e16285c3b，2021-08-15.

馆、酒馆排列有序，构成完整的商业体系。赊店虽不产瓷，却成了全国瓷器在北方的集散地，由此也发生了许多贸易传奇故事。

赊店古镇的中心位置有一座火神庙，该火神庙是敬奉火神的庙宇，由当地早期从事烟花爆竹的商人集资修建，以祈求火神庇佑、生意兴旺。火神庙整体呈长方形，坐北向南，庙内建筑沿中轴线对称分布，建有山门、大戏楼、大拜殿、大座殿等，建筑装饰构件多为斗牛、麒麟、獬豸等神兽。

赊店古镇不仅是古代商贸重镇，也是中国白酒之乡，赊店老酒是我国北方名酒，酒乡成为赊店古镇在新时代建设为文旅文创名镇的一个新标签。①

赊店古镇火神庙

---

① 赊店古镇和酒乡特色文化创意园项目纳入省"十四五"文化旅游融合发展规划[EB/OL].
https://baijiahao.baidu.com/s?id=1724757731011309743&wfr=spider&for=pc，2022-02-15.

平遥：见证千年晋商传奇

晋商汇聚，繁华富庶

平遥古城位于我国山西省平遥县内，它始建于西周，明代时为防御外族南扰始建城墙，此后经多次扩建逐渐成为现在人们所看到的古城风貌。

平遥古城距今已有 2800 多年的历史，是我国汉民族地区保存最完整的一座古城，被列入世界文化遗产名录。

明清时期，晋商繁荣，平遥古城作为晋商的"金融中心"，在这一时期得到了快速发展。

平遥古街上的观风楼

街巷纵横，大院深深

整体来看，平遥古城呈平面方形，地势南高北低，有城门六座，南北各一，东西各二，形如龟状。

平遥古城的街道纵横交错、四通八达，有四大街、八小街、七十二巷，古城的城墙、民居、店铺、庙宇等建筑基本保存了原有的古建筑风貌。

古城的城墙雄伟宏大，城内有保留着五代彩塑的镇国寺万佛殿、宋金时期的文庙大成殿、被誉为"天下第一号"的日升昌票号等不同类型的古建筑，还有约4000处民居。进入平遥古城，仿佛进入了一座古老的历史博物馆。

航拍平遥古城

　　平遥古城的院落多为方形，注重纵向进深、院院嵌套，院内的主体房屋建筑多为木结构楼房，两旁房屋以主体房屋为中心，分列两侧，纵深排开。

　　中国古代票号创始人雷履泰的故居，始建于道光年间，整座院子坐北向南，由两主院、两跨院组成，是平遥城内典型的传统住宅。正房庄重雅致，雀替、挂落装修完整，厢房左右对应分布。整个院落布局、用料考究，朴实大气。从建筑风格、细节装饰来看，足见这位中国金融业泰斗的家产之丰富，但建筑并不奢华，追求务实，这正是晋商精神在建筑中的体现。

中国古代票号创始人雷履泰的故居

票号始祖、金融泰斗——雷履泰

雷履泰（1770—1849 年）出生于清乾隆年间，是晋商中著名的实业家，是山西票号（相当于现在的银行）的创始人，被誉为"票号始祖""中国金融业泰斗"。

雷履泰是山西省平遥县人，自幼生活贫苦，少年时便弃学经商，在商铺打杂，后凭借自身的经商才华和精干的处事能力，被任为西裕成颜料庄总号掌柜。

当时，晋商在全国各地均有生意往来，经常需要异地托付镖局运送钱财，运费高且风险频发，受此启发，雷履泰创办中国历史上第一家票号——"日升昌"票号，经营汇兑，生意兴旺，并在全国各大商埠开设分号，为中国金融业的兴盛做出了巨大贡献。

日升昌汇兑生意"童叟无欺"，相传，清末时期，平遥城内一位靠乞讨为生的老妇人手持 5000 两汇票到日升昌提取银两，当值掌柜核对汇票发现，老妇人的汇票为异地分号汇票，且于 30 多年前签发，于是仔细核查了数十年前的账簿，了解到该汇票为老妇人的丈夫早年间在张家口经商给家里汇款的票据，如今偶然翻找到，经查，票据、数目属实，于是果断地为老妇人如数兑付了现银。此事传开后，日升昌名声大振，生意更加红火。

雷履泰在经商实践中摸索起家，是一名难得的实干家。以雷履泰为代表的晋商们，善于发现商机、经营变通，而且讲信用、精管理、重创新，这些宝贵的从商品质在今天的市场经济下对现代商人仍具有重要的借鉴和启发意义。

青城：黄河水岸的边关风情

　　青城古镇位于甘肃省，地处黄河南岸，是兰州市唯一的国家级历史文化名镇。

　　宋仁宗年间，秦州刺史狄青巡边筑城，此城便叫作青城。青城是黄河水岸的边塞城镇，也是水陆交通发达的货物集散地。青城水烟在明代十分有名气。此外，青城干面、青城陈醋，也是远近闻名的特色地方风味。

　　各地客商云集青城，在通贸经商的同时，为青城带来了许多不同地域的民俗文化、建筑文化，青城古民居（四合院）兼有山西大院和北京四合院的特点。青城罗家大院是典型的明清四合院建筑，院落布局规整，建筑风格庄严、古朴，砖木雕刻精致、典雅，图案精美。城内保存完好的明清古民居、书院、隍庙等，均是青城古建筑的典型代表，具有较高的文物价值和观赏价值。

青城城门

百亩荷塘

在青城的城东有一片新兴产业园区，园区内因地制宜种植荷花，百亩荷塘盛夏飘香，各种鱼类游戏莲叶间，不仅让青城人们增加了收入，也为青城古镇增添了时代新面貌。

探明清民居，听青城小曲，赏百亩荷塘，这正是黄河岸边的青城带给人们的特色古镇风情。

青城古镇百亩荷塘

青州：右有山河之固，左有负海之饶

九州之一，军事重镇

青州的历史可以追溯到大禹时期，相传大禹治水后，天下分九州，青州便是九州之一。《周礼》记载："正东曰青州"，并附有注解曰："盖因土居少阳，其色为青，故曰青州。"天下九州，青州在东，从五行来看，东属木，木色青，故称青州。

青州地理位置优越，北望渤海，南控沂蒙，东扼半岛，可谓"右有山河之固，左有负海之饶"，是历代军事重镇（城）。

历朝历代，统治者都十分重视对青州的治理和驻防，青州的兴盛与衰落也与历代统治者的关注密切相关。

在明代，有六代衡王就藩青州，相传初代衡王所居青州衡王府的

南阳河畔的青州

建筑规模和装饰堪比皇宫，只可惜这一富丽堂皇的王府未能保存至今，只有王府门外的两座石坊目前仍保存完好，其造型宏阔，雕刻精致，依稀展示着衡王府昔日的辉煌。

名胜荟萃，文化名城

青州不仅是军事重地，更是历史文化名城。

青州最初是东夷人聚集和居住之地，是东夷文化的发祥地，青州还曾有 12 年的国都史（青州曾为南北朝时期南燕国的国都），此外，

青州魁星楼

也是古代丝绸之路的一个重要源头。

青州人文积淀深厚，早在宋代时，青州文化发展就已经非常鼎盛，有从青州松林书院走出的一代名相王曾，也有曾到青州任职的文人巨匠欧阳修、范仲淹等。

中国古代著名女词人李清照也与青州有不解之缘，李清照曾在青州旅居十余年之久。青州还是大学士冯溥告老还乡的定居地。这些文人的到来为青州增添了许多人文气息。

青州可以说是人杰地灵之地，青州的文人故事令人动容，青州的古建筑也同样引人注目。

青州现存古建筑主要有三贤祠、万年桥、宋城、名人牌坊、魁星楼

青州牌坊

等。魁星楼为宋代建筑，庄重、大气、优美，是青州古镇的标志性建筑物。

"青山似屏，阳水如带"，在青州既可以欣赏到古代建筑的遗存风貌，又能欣赏到如诗如画的园林风光。

青州偶园的园林风光可以与皇家园林相媲美，园内栽种于明代的桂花、迎春花，历经风雨数百年，每到花期仍如约绽放，是偶园一道亮丽的风景。

青州的地理地貌、古代建筑、园林风光、历史人文等都使青州集山、水、城为一体，让人流连忘返。

青州园林风景

暖泉：中国民俗第一堡

　　河北省张家口蔚县以西有一个地方，这里的泉水水质清澈，四季温暖如一，故此地得名"暖泉"。

　　暖泉古镇在元代时逐渐形成，在明清发展至鼎盛，如今是华北地区的一个著名的民俗古镇。

　　暖泉古镇的建筑以明代城楼式古堡为主，在明清时期曾是晋商向北经商的必经之地，也正因如此，暖泉古镇在这一时期发展迅速，古镇规模不断扩大，最终形成"三堡（西古堡、中小堡、北官堡）、六巷、十八庄"的建筑格局，被誉为"中国民俗第一堡"。

　　如今，古镇现存古民居建筑百余座，另有古戏楼、古书院、古寺庙、古瓷窑等建筑。

　　西古堡是暖泉古镇"三堡"中最负盛名的古堡，建于明代，有南北两座瓮城，城上建有寺庙、戏楼，形成独特的建筑空间。堡中现存

暖泉古镇西古堡

瓮城

古代商贾留下的古宅院几十所、商铺百余所。

中小堡，建于明代，有南、北共两个堡门，堡内亦有各类古建筑，只是数量和规模均比西古堡要小。

北官堡，建于元代，是独门堡，仅有一个南门，堡门外的广场是暖泉古镇特色民俗文化活动打树花的场地。打树花是将铁高温熔化成铁水，表演者手持带长杆的工具将炙热通红的铁水用力抛洒向空中，铁水在空中形成"火树银花"般的壮丽景象。

打树花

城墙上的铁锈，是暖泉古镇独有的历史印记

青木川：脚踏三省，傲立汉中

秦岭脚下的山野古镇

青木川是一座"一脚踏三省"的汉中小镇，因此地的青木树而得名。青木川地处陕、甘、川交界处，交通便利，是陕、甘、川商贾经商的重要落脚点。

青木川隐匿于崇山峻岭之间，北高南低，一条金溪河蜿蜒而过。古镇空气湿润清新，气温常年在 15℃ 左右，山野风光秀美。

云雾笼罩的青木川，鸡鸣醒三省

古镇建筑与人物传奇

　　青木川的古建筑群历史久远，有明、清、民国等不同时期的不同风格的古建筑，如魏家新老大院是民国建筑，为四合院格局，院内设长廊，整体风格古朴大气、细节雅致。

　　青木川的古民居建筑随河流走向建造，古镇随河流的弯曲呈弯月状，两岸古建筑隔岸相望，南岸是清代老街建筑，北岸多为仿古建筑，一座风雨桥——飞凤桥横跨两岸，连接着金溪河南北两岸的古建筑，也连接青木川的古今。

置身不同时期的古建筑群中，漫步青石砖上可以听到商铺的叫卖声、居民乡音淳朴的交谈声，这些声音回荡在山谷之间，清脆悠长。站在栖凤楼上，可以将古镇人文景观尽收眼底，青木川的历史文化气息扑面而来。

青木川古镇不仅自然风光秀丽迷人，这里还有很多传奇的历史故事，这些传奇故事为青木川蒙上了一层神秘的面纱。

魏辅唐是青木川最具传奇色彩的人物。魏辅唐是青木川魏家坝人，出身农家，从小好争斗。成年后的魏辅唐建立了自己的武装力量并在青木川称霸。魏辅唐称霸青木川期间，曾兼并土地、维持治安、征收苛捐杂税，也曾建桥修路、兴办教育。有关魏辅唐的传奇故事颇多。

青木川栖凤楼

　　小说《青木川》以民国时期青木川的传奇人物魏辅唐为原型进行创作，之后，这部小说又被改编成了电视剧，这也让更多的人了解到青木川的历史。

　　农历三月的青木川气候湿润、温度适宜，三月正是来此观光旅游的最好时节。游历青木川，看秀美自然风景，赏古朴建筑，一边品尝丰盛的"十大碗席"和地道的"凉粉"，一边聆听青木川的传奇故事，相信你一定能感受这一陕南边城古镇的江湖豪情。

晴空下的青木川

南阳：运水河畔悠然安居

水运贸易拉来的古镇

南阳古镇位于我国山东省微山湖北部的南阳湖中，是随着水运贸易的发展而发展起来的贸易古镇。

唐以前，南阳因地势较低，多水患，再加上这里多战乱，人烟稀少，几乎不成村落。宋代时，山东水运东迁，南阳逐渐发展成为泗水岸边的一个较大的村镇。

南阳的真正兴盛与京杭大运河的通航密切相关。京杭大运河是世界上里程最长、最古老的人工运河，它南起余杭（今杭州），北到涿郡（今北京），贯通南北四省（包括山东省）、两市、五大水系，在南北经济、文化交流中发挥了重要作用。

南阳古镇牌坊

元代，京杭大运河南北通航，在水运贸易的影响下，南阳逐渐发展成为运河岸边的一个重要贸易城镇，并成为京杭大运河四大名镇之一（南阳、夏镇、镇江、扬州）。

南阳见证了古运河流经处所带来的贸易繁荣，也由此渐成规模，成为运河岸边的一座贸易古镇。

畅游南阳古镇

南阳随水而兴，也经常会受到河水的侵袭，逐渐由陆地变成湖中小岛，京杭大运河从古镇中经过，南阳古镇便以湖面为"街面"，形成了自己独特的自然和人文景观。

南阳古镇有很多优美的自然风光，比较著名的有邢庄观漕、漕河柳岸、鱼塘夕照、荷塘月色等。在邢庄以北，登高望远，可以看到古运河的风景；漕河两岸垂柳成荫、景色宜人；于古镇旅游码头的鱼塘以及南阳水苑的荷塘中能欣赏到夕阳夕照、月上荷塘的美丽景色，让人仿佛置身画中。

南阳古镇古建筑

南阳古镇的人文景观主要有老街商行、月河揽胜、长桥卧波、杰阁跨河、皇帝踏岸等。古镇中的古商贸街有保存完好的古商铺；月河之上的水闸和金龙大王庙是南阳担当古运河码头重任和商贾们祭拜水神的悠久历史的见证者；石桥、魁星阁是"鱼台八景"中重要的地标性古建筑。[①] 领略了南阳古镇水利工程和古代建筑的风采之后，再到昔日皇帝途经南阳上岸歇脚的地方走一走，能感受到南阳古镇历史的悠久以及它曾经的繁荣与辉煌。

---

① 南阳古镇 [EB/OL].https://baike.baidu.com/item/%E5%8D%97%E9%98%B3%E5%8F%A4%E9%95%87/888248?fr=aladdin，2022-04-29.

胜芳：北方水乡，万古流芳

胜芳是河北省北部的一个知名水乡，由一个小渔村发展而来，在清代时贸易繁荣，有"南有苏杭，北有胜芳"的美誉。

胜芳古镇与其他古镇相比，是一个比较年轻的古镇，仅有几百年的历史，但是，胜芳的传统民居、民俗生活、北方水乡风情使得胜芳展现出与其他古镇不同的自然与人文风采。

胜芳是一个低调的古镇，但是如果深入了解就会发现，这是一座文化底蕴丰富的古镇。相传，乾隆皇帝下江南，取道胜芳，留下"胜芳荷香"的佳话。

胜芳古镇的社会生活有"三宝"：经商、渔猎、苇编。这是胜芳古镇兴盛、繁荣的重要基础。《文安县志》中这样描述胜芳："水则帆樯林立，陆则车马喧阗，百货杂陈，商贾云集。"可见胜芳昔日的繁华。

胜芳古镇的传统建筑有"三宝"：戏楼、牌坊、文昌阁。胜芳戏楼，又称"九成楼"，是歇山大屋顶式建筑，檐下的"动以天倪"牌匾高悬，气势恢宏，威风凛凛。胜芳牌坊为四柱习檐木结构建筑，在牌坊的南、北两面分别悬挂写有"护国庇民""人伦之至"字样的牌匾，寄托了胜芳人的美好祈愿。文昌阁高大、庄重、典雅，是胜芳古镇的标志性建筑之一，也是胜芳百姓重阳登高的好去处。

此外，胜芳镇南音乐会堪称胜芳古镇"一绝"，是佛教音乐流传到民间并在民间形成的演奏方式、内容、调式、乐器等相对固定的音乐形式，不仅规模大、阵容完整、演奏质量高，而且传承几百年不断，是胜芳古镇重要的文化遗产。

胜芳古镇文昌阁

胜芳古镇

徽州古村镇：一袭水墨话田园

儒雅沉静的徽州古村镇

历史上的徽州是徽商的故乡，明清时期，徽州商人众多，他们大多"先儒后贾"，有学识、有见地，富甲一方，他们自身的富足也带动了家乡的兴旺，当时有"无徽不成镇"一说，具体是指徽商在家乡大兴土木，修建宅院、学堂、祠庙等，带动家乡村镇的繁荣发展。如今这些聚集着古建筑的古村镇也成为徽商所创造的徽文化的代表，是重要的物质文化遗产。

徽州分属今天的安徽省和江西省，徽州各村镇的古建筑多为明清时期的遗存，青砖、白墙、黛瓦是其主要建筑特点，建筑风格儒雅沉静，是典型的徽派建筑。

水墨徽州

　　徽州古村镇的建筑群历史悠久，散发着悠悠古韵，高高的马头墙高低错落，"青砖、白墙、黛瓦"的建筑色彩单一而不单调，更为这些古村镇增添了许多意境美，它们宛如一幅幅中国水墨画，隐匿在徽州的小桥流水旁，记录着岁月变迁。

一村一镇，别有风情

　　徽州古村镇风景秀丽，文化底蕴深厚，以下简要认识几个特色比较鲜明的古村镇。

西递古建筑的马头墙

西递——明清古民居博物馆。

西递隶属安徽省黟县，是北宋胡氏（唐昭宗的幼子李晔，改李姓为胡）家族世代定居而形成的古村落。村落四面环山，两条溪流从村中穿流而过，村里现存古民居多为明清时期建造的徽派建筑，这些古建筑错落有致，工艺精美的砖雕、木雕、石雕点缀其间，具有深厚的历史和文化价值。

宏村——中国画里的乡村。

宏村，素有"画里乡村"之称，位于安徽省黟县东北部，国家5A级景区，国家级重点文物保护单位。村内的古建筑依水而建，是我国少有的将水系建设纳入村镇建设的古村镇。宏村风光秀丽，宛如一幅中国水墨画，每年都会吸引很多游客，电影《卧虎藏龙》就在这

宏村月沼湖畔

里取景拍摄。明清古建筑静立月沼湖旁，岸上建筑与水下倒影相接，成为宏村一道亮丽的风景。

篁岭——梯云人家。

篁岭古村位于江西省婺源县的山岭中，始建于明代中叶，距今有500多年的历史。篁岭是典型的山居村落，村中民居呈扇形分布，村

　　旁梯田叠翠，常有云雾环绕，有"梯云人家"的美誉。春季里的梯田花海和秋季里的晒秋篁岭是极美的景色。篁岭地无三尺平，这里的人们因地制宜地选择在屋顶晾晒农作物，色彩鲜艳的农作物晾晒在错落有致的屋顶上，具有别样的空间美感和季节特色。

篁岭晒秋

周庄：江南第一水乡

南浔：中国江南的封面

西塘：活着的千年古镇

乌镇：如诗如画的枕水人家

木渎：秀绝冠江南

角直：追逐诗与远方

同里：小桥流水绕人家

安昌：碧水贯街千万居

光福：太湖里的洞天福地

朱家角：精致而又文艺的古镇

第三章

恬静水乡，
碧水画船听雨眠

"日出江花红胜火，春来江水绿如蓝。"周庄、南浔、西塘、乌镇、木渎……这一座座江南水乡古镇天生就带有一份遗世独立、柔婉清幽的意蕴，美得像是一幅幅清新脱俗的山水画卷。

古镇的美，美在旧房檐、小轩窗；美在湿漉漉的石板桥和荡悠悠的乌篷船；美在其古朴的建筑、敦厚淳朴的民风。穿行于古镇的巷弄间，不知不觉便忘却了时间。岁月的脚步轻声滑过，历史的印记却深深烙印在古镇的每一处角落，使人驻足，让人感怀。

周庄：江南第一水乡

"烟雨江南，碧玉周庄。"作为江南第一水乡，周庄有着900多年的历史，它地处昆山西南，四面环水，建筑沉凝古朴，至今仍然保存着古代水乡集镇的独特风貌，具有浓浓的历史文化气息。

灵秀的水乡风貌

周庄的历史最早可追溯至春秋时期，时称摇城，北宋年间得名周庄，并延续至今。元末明初，颇具传奇色彩的商圣沈万三随父迁至周庄，因经商逐渐成为江南第一富豪，而原本人烟稀少的周庄也随之兴旺繁荣起来，并于清代发展成为江南六大古镇之一。

周庄风貌

　　周庄在古代亦有"泽国"之称，澄湖、白蚬江、淀山湖和南湖环绕在其四面，犹如众星拱月，南北市河、后港河、油车漾河、中市河四条河纵横交错，将古镇分隔成"井"字形，当地人"咫尺往来，皆须舟楫"，由此形成了恬静娴雅的水乡风貌。

　　全镇建筑依水成街，长长短短的石桥与街道相连，河岸两旁静卧着高宅大院，重脊高檐，灰瓦白墙，幽静的气质引人入胜。著名的"周庄八景"有"全福晓钟""指归春望""钵亭夕照""蚬江渔唱""南湖秋月""庄田落雁""急水扬帆""东庄积雪"。

到了春季，碧波中的摇橹船，垂柳下的古宅院，那烟雨中的温柔水乡醉了多少文人墨客的梦，拨动了多少游人看客的心弦。

独特的建筑景观

周庄全镇一半以上的民居都是明清时期遗存的建筑，包括近百座古宅院和60多座砖雕门楼，大多保存良好。其中最典型的建筑有全福寺、沈厅等。全福寺历史悠久，飞檐翘角，十分壮观。沈厅为七进五门楼，坐北朝南，大小房屋100多间，为传统的"前厅后堂"格局。作为古镇内规模最大的民居建筑，沈厅布局巧妙，施工精细，楼屋上的雕刻无不古朴精美，令人印象深刻。

除了民居建筑外，横卧古镇碧波之上的十几座古桥也颇具古韵，这些古桥分别建造于元、明、清时期，其中的典型代表有双桥、富安桥等。双桥由一座石拱桥（世德桥）和一座石梁桥（永安桥）组成，二桥相连，桥洞一圆一方，仿若一把古朴精美的钥匙，所以人们又将双桥称为"钥匙桥"。富安桥为江南罕见的桥楼合璧式建筑，气势非凡。

壮观的全福寺和古桥

周庄双桥

深厚的人文底蕴

"唐风孑遗，宋水依依，烟雨江南，碧玉周庄。"想要真正认识一个地方，一定要去了解它的历史。漫游周庄博物馆，浏览林林总总的陈列品，这方小小天地里浓缩了千年光阴，藏着数不尽的故事。

玉石文化展厅里陈列着几千年前的石器、陶器和各时代的玉器，或质朴原始，或剔透精美。凝视着这些文物，眼前却出现这样一幅场景：早在原始社会，先民们就在周庄这片土地上劳苦耕作，用智慧和汗水创建起美丽的家园。水乡民俗风情展厅内则摆满了当地人的日用

憨态可掬的虎头鞋

器具，别有特色的石臼、茶壶桶、面盆架，精美的手工香包，憨态可掬的虎头鞋等，将江南水乡的原味生活展现得淋漓尽致。来到水乡婚俗等非遗文化展厅，你可以近距离地感受水乡婚礼的浪漫风情。

自古至今，周庄总是和文人墨客联系在一起。西晋著名的文学家张翰、唐代诗人刘禹锡等曾醉心于周庄美景，寓居此地；近代的爱国诗人柳亚子等人曾在周庄的迷楼上纵情豪饮，漫谈理想；当代名人中，画家陈逸飞用手中画笔描绘出周庄的神韵，使周庄名声大噪，吴冠中则盛赞"周庄集中国水乡之美"，而作家三毛则笑言"愿与周庄共老"……正因周庄魅力无穷，才引得一代又一代的人们对它情有独钟，更将它视作心灵的故乡。

南浔：中国江南的封面

南浔古镇坐落于湖州市南浔区，始建于南宋理宗淳祐十二年。说起来江南的古镇都有些相似，河道盘旋、扁舟悠悠是常见的景象，飘扬于深宅窄巷间的吴侬软语也一样的酥软动听，但南浔的气质却尤为独特。有人说它清冷高雅，有人说它静美真实，真应了那句老话"江南古镇九十九，不如南浔走一走"。

蚕丝名镇，诗书之乡

蚕丝和诗书赋予了南浔有别于其他水乡古镇的特殊气质，在其历史发展过程中扮演过不可替代的角色，并贯穿起南浔的前世今生。

　　蚕丝名镇，是南浔古镇的重要"标签"之一。湖州市南浔区气候湿润、河流纵横、四季分明，自然环境十分利于发展蚕桑业。而南浔古镇曾是历史上著名的丝市，镇上盛产的辑里丝柔润洁白，品质突出，一度享誉世界。凭借发达的蚕桑业，南浔镇成为江南名镇之一。

　　尤其是在明清时期，南浔镇极度繁荣富丽，可与当时的苏杭相匹敌。蚕丝赋予了这座古镇别样的魅力，也为其烙印上鲜明的时代印记。

　　诗书之乡，也是南浔古镇留给人们最深的印象之一。古镇面积虽然不大，却深受吴地文化的浸润，历史上人才辈出。

南浔古镇秋景

明代时，南浔广泛流传着"九里三阁老，十里两尚书"的谚语。宋、明、清三代，南浔古镇曾连续走出 40 多名进士，到了民国，名士、奇人更是层出不穷，例如江南富商张石铭、作家徐迟等，更有很多文人墨客倾慕南浔的独特风情，醉心于其迷人的书香气息，举家搬迁，定居在此。

水街风情，天下难寻

若从半空俯瞰南浔古镇，可见多条河网纵横交错，形成一个"十"字形，在阳光下闪着粼粼波光。全镇傍水筑宇、沿河成街，河畔绿意茵茵，民居商铺掩映其间，好一派旖旎水乡风情。

想要游南浔，可以脚不沾地，乘坐一艘小船便可饱览古镇美景。盈盈碧水中，一叶轻舟咿呀驶过，深深浅浅的涟漪像一朵朵清丽的花盛开于水面之上。人随轻舟悠然过巷，座座拱桥从头顶掠过，微凉晚风送来植物的清香、游人的笑语和悠扬的吴歌，让人不由心生一阵恍惚，仿佛身处意境清幽的油画里，又仿若走入了历史深处。

南浔古镇古迹众多，有庄重华丽的私宅大院，也有精巧秀丽的江南园林，漫步于镇上的青石板上，欣赏斑驳老墙、氤氲水巷、青苔石阶所带来的诗意，感受南浔"天下难寻"的水街风情。

南浔古镇夜景

小莲庄

　　小莲庄位于南浔镇西南方向，是晚清南浔首富刘镛的私家园林。小莲庄得名于元代的古典园林建筑莲花庄，占地约27亩，其中接近三分之一的部分是池塘，夏秋之际漫游此间，尽赏荷香阵阵，石径亭台环池而建，刘氏家庙、义庄、私塾梯次相连。

小莲庄曲折长廊

　　小莲庄有内外两园，内园坐落于外园的东南角，以假山群为主体，假山间小路蜿蜒崎岖，与外园的荷塘相映成趣，且亭台松林、半山红枫点缀其间，风格独具。用于祭祀先祖的刘氏家庙内，悬挂着宣统皇帝御赐的金匾；嵌刻于西岸长廊上的《紫藤花馆藏帖》和《梅花仙馆藏真》刻石四十五方，刻工精妙，字迹遒劲，文采卓绝。

西塘：活着的千年古镇

西塘与周庄、南浔一样，也是典型的水乡风貌。它地处浙江嘉善县，因保持着原生态建筑、人文景观和浓浓的生活气息，而被人们赞为"活着的千年古镇"。

春秋的水，唐宋的镇

在古时，西塘又有着"吴根越角"之称，这是因为在春秋战国时期，西塘正处于吴越两国交界之地，是古代吴越文化的发祥地之一。

时光流转，到了盛唐，越来越多的人来到这鱼米之乡，沿河建屋，依水而居，繁衍生息。宋代时，这里开始出现市集，到了元代又

千年古镇，梦里水乡

发展成集镇，其人气也越来越旺。明清时期，西塘声名远播，成为手工业、商业发达的江南六大名镇之一。

千年已逝，西塘的舟影波光、白墙黛瓦一如从前，在袅袅炊烟、悠扬橹声中，它带着旧时的气息和面貌，融入现代人的社会生活。

桥多、弄多、廊棚多

西塘地势平坦，气候宜人，镇内流经 9 条河道，河网纵横交错，众多桥梁横跨于水域、街巷之间，将西塘连成一体。

这个千年古镇以"桥多、弄多、廊棚多"而著称。自宋以来，西塘建有多座桥梁，著名的有安仁桥、安境桥等，清代又建筑了卧龙桥、来凤桥等。这些古桥中，大多为石柱木梁，或拱起，或平卧，有的玲珑小巧，有的质朴坚实，当得上"卧龙凌波，彩虹飞架"的赞誉。

西塘的另一特色景观为宽宽窄窄、长短不一的弄堂，其数量众多，长达 100 米以上的有 5 条。弄堂隐没在临水院落、商号之间，有街弄、水弄和陪弄之分，其中最为出名的一条露天弄堂始建于明末清初，名为"石皮弄"，铺在地面上的石板薄如瓜皮，因此得名，它全长 68 米，深且窄。西塘的弄堂有着"一线天"的别称，踏着青石板，向着弄堂深处走去，周遭宁静清幽，只感觉周围民风淳朴淡雅。

西塘古镇的烟雨廊棚也是一绝，俗称"一落水"。所谓廊棚，指的是以墨瓦盖顶的街道。并不是繁华的主街才设有廊棚，古镇上很多沿河街道的上方都覆以墨瓦，临河一侧还设有靠背长凳。其中，最著名的廊棚长达 1000 多米，蜿蜒曲折，造型古朴精致。

西塘街景

代代传承的民俗文化

"百里不同俗。"西塘古镇有着悠久的历史和代代传承的民俗文化，这里浓郁的生活气息和独特的民俗风情让人心驰神往。

七老爷庙会。七老爷是西塘人心中的保护神，每年的农历四月初三，当地人会聚在一起，举行热闹的仪式去庆祝七老爷生日。那一天的晚上 11 点，人们恭敬地高抬七老爷的神像，按照既定的路线向前走去。一路上锣鼓喧天，鞭炮齐鸣，人们脸上亦洋溢着开心的笑容。庙会期间，当地还会举办摇燥船、荡湖船、跑马戏等民俗活动。

接财神。大年初五，西塘家家户户都会精心置办酒席，为财神接风洗尘，庆贺财神生辰。在西街、廊棚等地，还有当地人举办的各种特色表演，比如舞狮调龙、打莲香等。

田歌。田歌又称子夜歌，发祥于嘉善县，后传唱于江浙沪毗邻地区。田歌是水乡农村生活的历史写照，它旋律悠扬，歌词大多反映当地的民间故事，或者农事活动等。曾荣获"文华奖"的原创音乐剧《五姑娘》就是由西塘田歌改编而来，给人们留下了深刻的印象。

乌镇：如诗如画的枕水人家

　　乌镇位于浙江与江苏的交界处，由原先的乌镇和青镇合并而来，古老的京杭大运河穿镇而过。它历史悠久，且自古富庶，商贾云集，虽是小镇，却气象万千，属江南六大名镇之一。

鱼米之乡，丝绸之府

　　乌镇地处我国东南沿海，气候温暖湿润，夏季日照充足，雨水充沛，自然环境十分优越，适合发展养殖业和手工业等。它自古便有着"鱼米之乡、丝绸之府"的美誉，哪怕到了现代，其商业和工业也很发达。比如，乌镇是全国粮食主产区之一，以农副产品加工，成衣制造、出口为特色，而乌镇的诸多特产中，蚕茧、小湖羊皮、杭白菊等享誉中外，其丝绵、蓝印花布、湖笔、篦梳等也都十分有名。

乌镇的旅游业也很兴旺，镇内四条老街呈"十"字交叉状，串联起水陆河街，将乌镇分为东栅、西栅、南栅和北栅四部分，早在很多年前，东栅和西栅就已经被开发成了旅游景区，游人鱼贯而至，无不沉醉于乌镇历经沧桑却风华依旧的美。有人爱在夜幕降临时去河边放几盏莲花灯，有人喜欢就着乌镇特有的熏豆茶，闻着暖风里飘来的酱鸭香味，听对岸楼台上婉转悠扬的戏曲，感受古镇骨子里的韵味绵长。

乌镇风光

枕水人家，如诗如画

乌镇被称为中国最后的枕水人家，是因为伫立于河岸的那一幢幢传统木屋顽强地抵抗住了历史洪流的冲击，而当地居民也早已习惯了"枕水"而居，在熟悉的老房子里过着自己平凡却有滋有味的生活。

水阁是普遍存在于乌镇的一种特殊的建筑形式，临水而筑的房屋的一部分延伸至河面，下设木桩或石柱，稳稳扎根于河床中，上架横梁，构成水阁。它有着悠久的历史，通常三面皆有窗，凭窗而立，可将水面、岸边风光一览眼底，无限惬意。

乌镇民居大多枕水而建，枕水而起

　　古镇里，河街一体，水陆并行，东、西、南、北四条老街都用条石铺就，平坦、整齐，令人赏心悦目。各类店铺林立在街道两旁，有茶楼客栈，有酒肆饭庄，人来人往，络绎不绝。站在墙下，或伫立于河岸边，听着商贩的吆喝声、游人的欢笑声，感受传统民俗文化与现代生活的碰撞，令人心潮澎湃、思绪万千。

乌镇戏剧节

　　以有着千年历史的乌镇文化为背景，乌镇戏剧节于每年10月中下旬举办，旨在推动青年原创戏剧行业发展，扶持戏剧人才。

　　近年来，乌镇文旅内容不断丰富——嘉年华表演、露天剧场、小镇对话、朗读会和工作坊——种种题材层出不穷，潮流美食、音乐、市集、电影、阅读等更多元素陆续加入，为乌镇戏剧节更加大众、更有节日氛围奠定了基础。

　　特别是最近几届乌镇戏剧节，包括戏剧、戏曲、多媒体、传统民族艺术表演、肢体剧、实验诗乐舞短剧等新的戏剧艺术形式不断呈现，乌镇戏剧节还引入了由中国美术学院主持举办的艺术展，诸如雕塑、空间立体艺术装置展览等艺术展示，让参与者能够更加深切地感受到当代艺术气息。

木渎：秀绝冠江南

　　木渎古镇位于太湖流域，周围名山环绕，故又有着"聚宝盆"的别称。追溯木渎古镇的历史，最早可至春秋时期。相传春秋末年，吴王夫差为博西施欢心，下令在灵岩山顶建宫造殿，远运而来的大量木材造成山下河流堵塞，可谓"积木塞渎"，"木渎"之名由此而来。

　　木渎古镇风景秀美，令人念念不忘，清代画家徐扬在其名作《盛世滋生图》中用了大半篇幅去刻画木渎的繁华景象。镇上胥江和香溪两条河流相互交织，由东向西，由古镇流贯而过，汇入长江。河水澄澈，岸边林立的屋宇带有江南传统民居的典型特征，令人印象深刻。桥梁、驳岸、河埠和自然景观融为一体，和谐统一。

　　木渎古镇秀绝冠江南，不止在于其自然风光，还在于分布于镇上各处的私家园林，它们座座精美，各具特色。而园林中的亭、台、轩、榭都是明清时期的建筑，大都保存良好，古朴典雅，巧夺天工。

河水澄澈，岸边民居林立

正因如此，木渎古镇还有着"园林之镇"的美誉。传说乾隆帝多次来木渎赏玩游历，赞其"溪山风月之美，池亭花木之胜"远超江南其他园林。

这些古典园林中，以严家花园、虹饮山房等最为知名。严家花园布局精巧，厅堂建筑高大富丽，花园内的亭轩、廊榭等建筑则错落

虹饮山房西园一隅

分布，养眼舒心。虹饮山房由东园（小野园）和西园（秀野园）组成，两园皆建于明朝，东园竹林葱茏，奇石密布，西园的水景吸引了众多游客观览，春夏时节花草芬芳，亭榭轩昂，水汽氤氲，堪称一步一景。

甪直：追逐诗与远方

甪直位于江苏吴中区，建于南朝梁天监二年，是著名的水乡文化古镇。它被五湖环绕，因此又有着"五湖之汀"的别称。

著名的张陵山遗址位于甪直镇西南方向，该遗址有着 5000 多年的历史，遗存丰富，为古镇增添了一抹厚重的文化色彩。从高空俯瞰，会发现古镇呈"上"字形，镇内河、湖、潭等星罗棋布，镇上建筑则较多地保留了古早韵味，典雅大气。建筑与街道紧密衔接，前街后河。

甪直古镇的房屋大都为明清时代建造，不论住宅抑或商铺都是古代形制。除去古民居外，古镇的桥梁也多且美。甪直多水多桥，素有江南"桥都"的美称，游览甪直古镇，如同游览一座巨大的"古桥梁博物馆"，各种造型和大小的石桥随处可见，仅仅一平方公里的古镇区内，就有各式桥梁 40 余座。

钟灵毓秀的甪直古镇

　　现当代著名社会学家费孝通曾为甪直古镇的秀美风光和深厚的历史文化内涵所倾倒，对其赞不绝口，并认为其是当之无愧的"神州水乡第一镇"。

　　而自古以来，无数文人墨客都曾兴致勃勃地游历甪直古镇，其中不乏文化大家所留下的诗文佳作，如唐代诗人陆龟蒙曾以"酒旗菰叶外，楼影浪花中。醉帆张数幅，唯待鲤鱼风"的诗句来描述自己隐居

用直古镇宁静清幽的氛围与意蕴

用直古镇时的悠闲、畅快的生活；元代的倪瓒则以"甫里林居静，江湖远浸山。渔舟冲雨出，巢鹤带云还"（用直原名甫里）等句来刻画古镇宁静清幽的氛围与意蕴等。这些诗句至今为世人所津津乐道。

用直古镇满含着水乡韵味，其远离闹市，是古今人们共同的诗与远方。漫步在以卵石及花岗石铺就的街道上，仿佛穿行于古境，徜徉其中，历览所至、观闻，或是各具特色的石桥，或是享誉江南的寺庙殿宇，黛瓦粉墙、青砖白壁，种种妙趣，令人流连忘返。

保圣寺

诗人杜牧曾云："南朝四百八十寺，多少楼台烟雨中。"甪直的保圣寺亦列于这"四百八十寺"中，它是江南四大名寺之一（其余三者为苏州寒山寺、杭州灵隐寺、南京鸡鸣寺），对甪直当年的繁华有着"以庙兴市"的带动作用，亦见证了古镇的历史流转与沧桑巨变。

保圣寺千年银杏

保圣寺规模巨大，始建于公元 503 年。唐代诗人陆龟蒙之墓位于保圣寺的西院，墓前的"斗鸭池""清风亭"等历史古迹遗存至今。保圣寺景色幽绝，寺中的百年枸杞、百年紫藤和千年银杏被人们赞为"古木三绝"。

此外，寺内雕塑更是精美绝伦，大殿上完好保存着唐代著名雕塑家杨惠之所塑的泥塑罗汉（现保存于保圣寺古物馆内），这一发现曾震惊世人，其代表了中国殿塑的最高水准。

同里：小桥流水绕人家

　　同里古镇位于太湖之畔，离周庄路途很近，四面临水，八湖环抱。初名富士，后名铜里，到了宋代正式建镇，改"铜"为"同"，唤作同里，沿用至今。作为江南名镇，同里水田肥沃，人杰地灵。

　　同里古镇格外幽雅恬静，处处都是"小桥流水绕人家"的美好景象。水是同里的灵魂，流经镇上的多条小河将古镇分割成7个小岛，岛与岛之间则由小桥串联。镇上布局都环绕水来进行，巧妙地将河水、道路、屋宇、园林融为一体，既有温柔旖旎的水乡景致，又有深厚浓郁的人文情调，在现代，它有着"东方威尼斯"的美称。

　　同里古镇上遗存的明清建筑很多，包括园宅、寺观祠宇、名人故居等，著名的有退思园、嘉荫堂、崇本堂等。穿行于古镇的里弄间，处处可见深宅大院、园林小筑。原先镇上的"前八景""后八景"等名扬天下，今尚存"东溪望月""南市晓烟""水村渔笛"等景观。

小桥流水

　　退思园是同里古镇的招牌景点之一，它也是江南园林中唯一被列入世界文化遗产的私家园林。退思园中建筑均紧贴水面，在建筑史上是很特别的存在。园林布局突破常规，横向布局，亭、台、楼、阁、廊、舫、桥、榭等多种建筑形式一应俱全，整体古朴淡雅。

　　除了退思园外，同里古镇的"二堂三桥"也十分有名。"二堂"

指的是嘉荫堂和崇本堂，它们古朴的建筑风格和雕刻艺术最为出名。"三桥"指的是太平桥、吉利桥和长庆桥，昔日同里镇人举办婚礼时，花轿一定要经过这三座古桥，以示吉庆。若是哪家老人过 66 岁的生日，也会拄着拐杖慢悠悠过桥，祈愿家人平安，顺心如意。

退思园中的亭台楼榭均贴水而筑

光福：太湖里的洞天福地

　　光福镇位于苏州市吴中区，镇南面坐落着邓尉山，木光运河（香溪）像一条碧绿的绸带，自西而东，穿镇而过。邓尉山上自西汉时期就开始种植梅花，每年初春，漫山遍野的梅花竞相开放，香飘阵阵，绚烂无比，人称"香雪海"，是江南美景中的一绝。

　　漫步古镇之上，远处邓尉山苍翠峭拔，近处民居白墙黛瓦，倒映在水面，仿若一幅泼墨山水画。明代画家沈石田曾醉心于光福美景，赞道："屋上有山屋下水，开门波光眼如洗。"

　　古镇取光福之名，既有"湖光山色、洞天福地"之寓意，也与古镇上历史悠久的光福寺、光福塔有关。光福寺又名铜观音寺，始建于梁朝天监二年，距今已有1500多年的历史，属吴地历史最为悠久的寺院之一，也是吴中名气最盛的寺观园林之一。

　　光福塔耸立于光福寺的后山上，踞山临湖，秀美绝伦。塔分七

壮观的"香雪海"美景

层，木檐楼阁式，塔身轻盈，底层建有回廊，塔内每层都设有木扶梯、腰檐平座，古色古香。塔内每层顶部也都设有形状不一的藻井，十分精美。登塔远眺，将山光水色、高高低低的楼宇巷弄都尽收眼底。

秀美的光福塔

　　光福镇的山水景色美如画卷，名胜古迹遍布在镇上各个角落，除了光福寺、光福塔外，还有司徒庙、圣恩寺、石嵝庵等著名景观。这里花果遍地，自然资源丰富，同时还是名扬天下的苏绣的发源地之一，著名的"光福核雕"早在 2006 年便已被纳入国家级非物质文化遗产目录，其深厚的人文底蕴和历史积淀可见一斑。

安昌：碧水贯街千万居

安昌古镇位于绍兴市，始建于北宋时期，曾是浙东航运线上最重要的商埠码头之一，交通便利，商业发达，后因饱受战火摧残而不复往日风光。直到明清时期，安昌古镇才得以重建，并焕发新生。

昔日商贸繁荣、商铺鳞次栉比的景象早已尘封于历史，如今的安昌古镇多了几分淡泊、从容的味道，反而给人以诗意盎然之感。

安昌古镇的老街临河而建，全长一千多米，与多座古桥紧密相依。河南岸伫立着一排排旧貌犹存的民居，河北岸则卧着一条长廊，曲折向前，长廊顶棚下店铺作坊、翻轩骑楼错落有致，特色鲜明。

安昌的桥姿态各异，拱桥、梁桥、廊桥等一应俱全，桥身轻盈，设计精巧，当得起"碧水贯街千万居，彩虹跨河十七桥"的美誉。著名的桥有安昌桥、阳明桥、水阁桥等。

还记得鲁迅笔下的水乡社戏、乌篷船吗？这些都是绍兴传统的民

充满诗意的安昌古镇

俗符号，来到安昌，便能感受当地浓浓的民俗风情。尤其是在寒冬腊月时，行走在安昌老街上，观览当地特色的民俗活动，如箍桶、竹编、打铁、挑花边等，而古镇人为了迎接新年，有的忙着搡年糕、裹粽子，有的忙着灌腊肠、扯白糖，街市上洋溢着传统美食的清香气息，在热闹非常的景象中感受新春的喜庆。

安昌古镇如一坛老酒，溢出丝丝缕缕的醇香气息，这儿没有过度的商业开发，唯有浓浓的烟火气儿和朴实醇厚的水乡民俗味儿，让人感到无比轻松畅意。

安昌桥

朱家角：精致而又文艺的古镇

朱家角古镇位于上海市青浦区，又名"角里"。在江南水乡古镇中，朱家角闹中有静，地位尤其特别。作为上海第一大镇，有人对朱家角给予了极高的评价："南周庄，北周庄，不及朱家一只角。"

除同里古镇外，朱家角镇也有着"东方威尼斯"的美誉。一条漕港河自东而西将朱家角镇分为两半，除此外，镇上还流经数条河道，以至于河港纵横，户户通舟。镇上 9 条长街与河岸平行延伸，一排排民居住宅依水而立，它们大多是明清时期的建筑，有着马头山墙、飞檐翘角的鲜明特征。镇上名胜古迹众多，30 多座古桥各美其美。

朱家角镇是精致迷人的，街头巷尾还弥漫着几分文艺气息。它虽身处上海，却远离高楼大厦。踏上古镇的青石板，走走停停，哪怕在最不起眼的角落也能发现别样的曼妙风情。而古镇的精致与文艺体现在其迷人的自然风光上，也体现在其独特的人文景观上。

闹中有静的朱家角古镇

镇上有一山一湖，山为淀山，著名的"淀峰晚照"景观曾令游人由衷赞叹，流连忘返；湖是天然淡水淀山湖，碧波荡漾，景色如画。

朱家角古镇别具特色的人文景观集中体现在其街、桥、寺、庙、园、湾上。

街，指的是镇上的一条古街，即北大街，它于明清时期建筑完成。如今的北大街上，店铺鳞次栉比，红艳的灯笼高挂，重现了古时"长街三里，店铺千家"的繁华热闹的景象。

桥，指的是放生桥，这座石桥气势磅礴，全长70多米，是江南地区现存最大的五孔石桥。桥上的石刻也很精致美观。

寺、庙，分别指的是报国寺和城隍庙，前者为上海玉佛寺下院，后者有着200多年的历史，香火隆盛，古意盎然。著名的城隍庙

漕港河穿朱家角古镇而过

"三宝"为"斗拱戏台""木刻横梁"及"中堂画轴"，十分珍贵。

园、湾，分别指的是课植园、珠溪园、心园及三阳湾、轿子湾、弥陀湾。前三者都属于典型的江南园林，课植园整体庞大精巧，布局疏密有致，各种建筑达到 200 余间。珠溪园、心园虽然规模都较小，但景色优美，桥台楼阁皆布置精当。三阳湾、轿子湾、弥陀湾都处于古镇的老街上，直角拐弯，给人别有洞天、豁然开朗的感觉。

除此外，镇上的古宅庭院也很多，如席氏厅堂、陆氏世家、陈莲舫故居等，皆各具特色。有人说，朱家角镇处处美景，是一个想要为它驻足停留、为它写诗吟唱的地方，尤其是在梅雨季节，伴着淅淅沥沥的雨声穿行于幽暗的弄堂之间，别有一番风味。

"衣被天下"

朱家角镇的历史源远流长，据史料记载，早在三国时期，该区域已经形成村落。明万历年间正式建镇，名曰"珠街阁"，或"珠溪"。当时的古镇水运昌盛、商业繁茂，尤其以发达的布业名扬于江南，时称"衣被天下"。

清初，朱家角镇的米业异军突起，带动其他行业亦兴盛起来，而这种繁荣景象一直延续到今日。

第四章

时光掠影，
遥寄历史论古今

中国古镇的历史往往令人着迷，有这样一些古镇，它们本身因历史人物或故事而兴起。

在漫长的历史长河中，这些充满文化气息的、有讲不完的历史故事的人文古镇，扮演了历史记录者的角色。它们人文历史厚重，于自然风景和特色古建筑中诉说历史传奇与传统文化，等待一代又一代的人来访，去穿越历史探寻往昔。

阆中：春节文化之乡

　　阆中古镇位于四川省阆中城区南部。古镇历史悠久，早在2300多年前的春秋战国时期，阆中古城就已存在。古代人民讲究"天人合一，道法自然"，自古就重视人与自然的和谐相处，在民居的建造上亦是如此。

　　阆中古镇三面环水，四面群山环绕，嘉陵江从古镇南面流淌而过，嘉陵江南面的锦屏山树木葱郁，与古镇隔江相对，陆游曾用诗句"城中飞阁连危亭，处处轩窗对锦屏"来描写阆中古城的景致。

　　阆中古镇一直被认为是山清水秀、人杰地灵的风水宝地，战国时巴子国迁都于此，秦惠王时期曾在此地设县，三国时期，蜀国五虎上将之一张飞曾驻守阆中长达七年，最后埋葬于此。阆中一直是古代巴蜀地区的政治、经济、军事重镇之一。

青山绿水环绕的阆中古镇

阆中风水第一楼——中天楼

中天楼是一座三层木质高楼建筑，约25米高，在一众平房商铺中，中天楼显得鹤立鸡群，气势宏伟。中天楼位于阆中古镇中心，古城街道以此为中心向四面八方扩展，因此中天楼是阆中古镇的风水坐标，也被称为阆中风水第一楼。

中天楼始建于唐朝，后被毁，现在的中天楼是2006年重建的明清风格的建筑，登上楼顶，视野开阔，青瓦白墙尽收眼底，是赏阆中古镇美景的绝佳地点。

中天楼

　　西汉时期著名天文学家落下闳即是阆中人，他通过多年每日观察竹竿的影子，分析出四季的变化规律，总结出"二十四节气"更替与天空二十八星宿变化的对应关系，参与创制了《太初历》，完善了中国的历法。《太初历》的创制，使得人们可以按照历法进行耕作，提高了农业收成。《太初历》以正月为岁首，正月初一为一年的起始，中华民族最重要的节日"春节"由此诞生，落下闳也被誉为"春节老人"。如今，每到春节，在阆中街头都会有"春节老人"的民俗表演，老人身穿古装吉服，为路上的孩子们发红包，阆中人们通过这种方式来纪念落下闳。

　　阆中城北的玉台山上有一座滕王阁，是唐朝滕王李元婴修建的宫殿。李元婴是唐太宗李世民的弟弟，最初封地在山东滕州，称为滕

阆中滕王阁

王。滕王李元婴后来先后调任到江西南昌和四川阆中，他在这三处任职之地均修建了滕王阁，其中江西南昌的滕王阁因唐代文学家王勃所作《滕王阁序》而最为有名，阆中的滕王阁名气虽不及前者，但建筑规模也毫不逊色，唐朝著名诗人杜甫曾登阁赋诗："君王台榭枕巴山，万丈丹梯尚可攀。"

如今，阆中古镇依然保持着唐朝时期的古城布局、明清时期的建

阆中古镇民居

筑风貌，古街巷和古院落都保存完好。街上的民居多为木质四合院结构，青瓦翘檐，门窗镂空雕刻精美花纹，玲珑剔透，古色古香。置身阆中古镇内，踩在湿湿的石板路上，看着纵横交错的小巷和小巷深处的民居，仿佛穿越了时空，进入诗句"阆苑千葩映玉宸，人间只有此花新"描绘的古代，屋旁斑驳摇曳的树影，仿佛在诉说着古城的历史。

　　阆中曾为巴子国的国都，这里一直是多民族聚居地，长时间的多民族融合形成这里丰富、独特的民俗文化。巴渝舞是源于古代巴地的一种具有鲜明特色的舞蹈，它是人们在与猛兽、部族斗争过程中形成的一种集体武舞。川北灯戏是流行于民间的歌舞小戏，它的故乡即在阆中。其他诸如皮影、剪纸等民间艺术也是阆中民俗文化的重要内容。

春节剪纸

镇远：传统文化迷宫

在贵州省黔东南苗族侗族自治州镇远县坐落着一座风景秀丽的镇远古镇，这座古镇位于潕阳河畔，潕阳河蜿蜒盘旋，呈"S"型穿过古镇，将古镇分为"旧府城"和"旧卫城"两部分，从高处望去，潕阳河与古镇构成了一幅天然的太极图。

镇远古镇周围的山峰层峦叠嶂，仿佛雄狮一般守卫着这里的安宁，静静流淌的潕阳河像一条温柔的绿丝带缠绕在古镇的腰间，峻峰与秀水构成了一幅奇特的山水画，古镇点缀其中，为这幅天然的山水画卷增添了无限生机。

"镇远"之名的由来可追溯到宋朝时期。1256 年，蒙古军进攻南宋，为了抵御蒙古大军，南宋皇帝下令筑黄平城，赐名镇远，以鼓舞士气。

镇远地理位置优越，处于湘西丘陵和云贵高原的过渡带，水陆交

山清水秀的镇远古镇

通便利，是贵州省的东大门，素有"滇楚锁钥、黔东门户"之称。镇远关口山峰绵延、山势险峻，具有"一夫当关，万夫莫开"之势，因此历史上一直是战略要地。

明朝时期，朝廷实行卫所制，大量军人携带家眷来到镇远。一时间，古城聚集了来自各地的大量人口，再加上水陆交通便利，古城很快发展起来。繁荣时期，古城内有八大市集，多个省的商人在镇远设有商帮、会馆，镇远一时被誉为"西南一大都会"。镇远古镇遗留的古建筑颇多，在古镇探寻仍然可以找到当时留下的部分城墙、城门、民居、码头等。

青龙洞古建筑群是当地人民引以为豪的历史建筑群，是镇远古镇的文化地标。古建筑群包含青龙洞、紫阳书院、中禅院、万寿宫、祝圣桥和香炉岩六部分，集合道家宫殿、佛家香堂、儒家书院、桥梁建筑等于一体。古人凭借着惊人的智慧，采用多种高超的工艺，才在悬崖上建造出如此宏大的建筑，其气势雄伟，布局精巧，建造工艺堪称一绝。

依崖而建的青龙洞古建筑群

与远山相映的祝圣桥

潕阳河

　　潕阳河是长江支流沅江的支流，发源于贵州省瓮安县，最终流入湖南省的洞庭湖，潕阳河全程长达 258 公里，流经多个县市。

　　镇远的潕阳河景区分为上潕阳和下潕阳两段，上潕阳有观音峡，下潕阳有龙王峡、西峡、东峡和"孔雀开屏"山。镇远古镇的崇山峻岭、深山峡谷均为原始自然生态，山上植被丰厚，远远望去，满眼都是绿色。潕阳河流经此处，呈现出飞流瀑布、水湾浅滩等多种景致，在河水平静处，水呈淡绿色，清澈见底，放眼望去，峻峰与秀水相映，青山与绿水相融，美不胜收。

　　如果到当地旅游，导游会告诉你：舞阳河"有长江三峡之雄伟、蜀地峨眉之秀丽、桂林漓江之美貌、阳朔胜景之幽雅。"如此美景，只有身临其境方可体会。

潕阳河与"孔雀开屏"山

梅林：奇特的土楼王国

　　梅林古镇位于福建省漳州市南靖县九龙江上游，是客家人的聚居地。在古代，客家人为了抵御外敌，建造了土楼这种建筑形式。如今，梅林古镇留存九百多座各种各样的土楼，被誉为"土楼王国"。

　　怀远楼是梅林古镇最著名的土楼之一。它是一座双环圆楼，外环主要作为居住住宅，内环为学堂，是居住于此的孩子们学习的地方，也用于举办重要的活动。怀远楼建于清朝光绪年间，土楼至今墙体表面光滑，整体建筑保存完好，可见当年夯筑技术的高超。

怀远楼

芙蓉镇：悬在瀑布上的古镇

芙蓉镇位于湖南省湘西土家族苗族自治州永顺县，清时称芙蓉村，后发展为芙蓉镇，因境内芙蓉山得名，电影《芙蓉镇》曾在此地取景拍摄。

芙蓉镇历史悠久，地理位置优越，毗邻酉水，通过酉水水路可直接到达四川、贵州、洞庭等地，自古以来一直是永顺的通商口岸，被誉为湘西"四大名镇"。

芙蓉镇民风淳朴，古镇大街小巷内是古朴的民居、独具特色的土家吊脚木楼和青石板铺就的曲折小路，来到这里可以感受土家族特有的民族风情。古镇自然景色独特，周围被青山绿水所环绕，悬崖陡壁、瀑布悬空，自然景观堪称一绝，远观芙蓉镇，仿佛是悬在瀑布上一般。

芙蓉镇的自然景观

和顺：士和民顺诉乡愁

　　和顺是位于云南省腾冲市西南部的一座气候温暖、风景优美的古镇。和顺原名为"阳温暾村"，在方言中意为温暖的村落。村边有一条河，顺着村落流淌，因此村落改名为"河顺"。清朝年间，文人雅士为了使村落的名称更加文雅，将"河顺"更为"和顺"，取"士和民顺"之意，和顺沿用至今。

　　和顺古镇年平均气温约15℃，四季气候宜人。古镇周边是原生态的自然田园风光，群山绵延数里，排列整齐的古朴房屋依山而建，清澈的小溪、河流在古镇中蜿蜒潆洄。春天油菜花盛开时，开阔的田野染上片片金黄，夏日荷花绽放时，静静的池塘飘来淡淡清香，秋冬树叶变黄时，远处的山层林尽染，色彩斑斓。古镇四季景色轮回变换，唯一不变的是山峰下的白墙黛瓦、飞檐红楼和那屹立了几百年的古建筑。

和顺古镇的自然风光

古镇内有一座尹其顺民居，至今保存完好。民居院墙高大，庭院敞亮，堂屋装饰雕刻精细，门上横匾上书"尚义笃宗"四字。说起这座房屋的主人尹其顺，还有一段有趣的故事。尹其顺自小父亲早逝，家境贫寒，尹其顺十三四岁就割马草卖给马帮补贴家用。有一天，他把马草送去给一大户人家，这家家主看他小小年纪就出来干活挣钱，十分不易，便让小女儿拿些吃食给他，他见送吃食的小姐清秀美丽，决心日后定要出人头地并把小姐娶回家。之后，尹其顺跟随马帮去缅甸，他勤快、机灵，很快学到了不少经商本领，并开创了"玉顺兴"商号。荣归故里后，尹其顺建造了这间民居，他富而仁厚，赈济贫苦人民群众，成为有名的仁义富商，并娶到了当年一见钟情的小姐。

宗祠文化是和顺古镇独特的人文景观，和顺古镇保留着寸、刘、李、贾等八大姓氏祭祀祖先的宗祠，在一个乡村中竟有八大宗祠，实属不易。这些宗祠多建于清嘉庆十二年到民国十四年间，各个宗祠风格不一，各有特点。寸氏宗祠是建造最早的宗祠，寸氏祖先在缅甸做棉花生意，家族后人也受先人影响，不墨守成规，善于接受新思想和新事物，寸氏宗祠的大门没有采用传统的飞檐斗拱，而是使用"洋气"的南亚风格，半圆形拱门和门顶的忍冬雕花则是西洋风格，而宗祠两边的黛瓦白墙、翘角飞檐则是传统的中式风格，如此形成了独特的中西合璧风格的别样宗祠，体现了宗祠建造者的艺术创造力。

宗祠大门外对称设立着两根石柱标杆，这是古代的旗杆，标杆上设立两层"旗斗"，在封建社会时期，旗斗的设立十分讲究，家族后人考中进士者，方可设两斗。寸氏家族人才济济，除一名进士外，家族后辈还出现多个举人和上百位秀才。

古镇的宗祠文化不仅体现在祠堂建筑的保留上，如今，当地人依然保留着古老的祭祀习俗，这些家族的后人还会不时来此祭拜，家族文化也由此得以传承。

和顺古镇的寸氏宗祠

磁器口：浓缩重庆印象

　　磁器口古镇位于重庆市沙坪坝区西北部，毗邻嘉陵江。古镇具有重庆典型的地貌特征，以丘陵、山地为主，坡地面积较大，气候潮湿。"一江两溪三山四街"是对古镇地形的高度概括，嘉陵江东护古镇，凤凰、清水两溪蜿蜒穿过，金碧山、马鞍山、凤凰山依次排开，呈"川"字形排列的街道两两之间通过桥梁连接。

　　磁器口始建于宋朝时期，因镇子后面有白崖山，山上有白崖寺，故古镇因此得名"白崖场"。民间传言明朝建文帝朱允炆曾隐居于白崖寺，于是人们改称白崖寺为龙隐寺，意为曾有真龙天子隐居于此，白崖场也随之更名为龙隐镇。到了清朝初期，此地因盛产青花瓷而得名"磁器口"。到了清末民国时期，由于交通便利，磁器口发展成为商贸码头，一时呈现"白日里千人拱手，入夜后万盏明灯"的繁盛景象，获得"小重庆"的美誉。1998 年，磁器口被确定为重庆市重点保护的历史文化传统街区，成为国家 4A 级景区。

"磁器口"名字的由来

磁器口因瓷器贸易而得名，那为什么名字不是"瓷器口"呢？当年中国北方最著名的民间瓷窑即为磁州窑，当时生产的瓷器也称作"磁器"，磁器口的名字由此得来。直到 1950 年后，"瓷（磁）器"统一改为"瓷器"，但是磁器口的地名一直沿用至今。

磁器口古镇的建筑风格多样、别具特色。古镇建筑既保留了明清时期的建筑特点，又有民国时期中西结合的风格。磁器口的宅院以川东民居风格为主：房顶为青瓦，房屋为灰白墙加枣红柱子，看上去古色古香。因山势陡峭，当地人因地制宜，一些房屋以吊脚楼的形式修建，既美观又实用。

磁器口周围的庙宇数量甚多，号称"九宫十八庙"，其中以宝轮寺最为有名。宝轮寺即为龙隐寺，已有千年的历史，除了大雄宝殿，其他殿堂皆已被毁，遗留下的大雄宝殿独具特色。该殿采用重檐歇山式设计，屋顶覆盖黄釉筒瓦。整个大殿未用一根铁钉，但是经过上千年的风吹雨打，依然坚固如初，可见当年建造工艺之高超。

磁器口的民居

宝轮寺（龙隐寺）的大雄宝殿

上千年的历史造就了磁器口深厚的文化底蕴，古镇上的传统手工艺发达，榨油、抽丝、制糖、磨辣椒等传统加工作坊琳琅满目，脆香的陈麻花、香辣的毛血旺、独特的椒盐花生、爽口的千张等地方特产让人目不暇接。每逢传统节日，磁器口古镇都会举办活动，如正月赏龙灯、端午赛龙舟、重阳登高……再加上庙会、花会等，古镇一年里总是热热闹闹的。

磁器口古镇昔日是热闹非凡的水陆码头，茶馆这种信息交流的场所自然不能少，说书茶馆、艺人茶馆，各色茶馆比比皆是，来一壶清茶，听一场川剧，好不惬意。如今茶文化依然盛行于古镇，一些标新立异的新兴茶馆陆续出现。灯笼与霓虹，传统与小资在这里相得益彰，新兴文化与传统文化在磁器口不断碰撞出新的火花。

天龙：四合院里的明朝旧事

天龙，即天龙屯堡古镇，它坐落于贵州省安顺市平坝区，古镇背依两大山脉，即天台山和龙眼山，各取一字得名天龙。古镇是从贵州进入云南的咽喉要道，是历史上的战略要地，元代时这里是有名的顺元古驿道上的一个驿站，当时称为"饭笼驿"。明初时，明太祖朱元璋为了加强西南防守，派 30 万大军屯兵于贵州，驻守的地点就是如今的天龙屯堡古镇。

"屯"指军屯，是军队从事军事活动和居住的地方，"堡"指普通百姓居住的地方。士兵就地屯田驻扎，在当地繁衍生息，由于士兵大部分是从外地调配过来的汉人，与当地的少数民族生活习俗不同，他们在融入当地生活的同时仍然保留了原本的生活习惯和风俗，久而久之，形成了一种独特的"屯堡文化"，而这屯堡文化历经几百年依然保留至今，如今的天龙屯堡古镇村民依然保持着明朝时期的风俗习惯

天龙屯堡古镇的民居建筑

和传统，成为"明代生活的活化石"。

走进天龙屯堡古镇，就走进了一个石头筑成的世界。明朝时期这里主要屯兵抵御外敌，使用石头建造的房子坚固稳定，既能很好地抵御外敌入侵，又能减少战争造成的损失，因此石头建筑逐渐流传下来，形成了如今古镇的建筑风格。

"傩"是中国一种古老的祭祀舞蹈，用于祭神驱鬼。古代军队出兵前为了鼓舞士气，常常采用傩仪来树立军威，称为军傩。来自外地的士兵将"军傩"文化带到黔中，而后吸收当地的戏剧文化，发展成为"地戏"，流传至今。地戏是天龙古堡古镇居民自行组织的民间戏剧，人们在表演地戏时，脸上蒙着轻纱，头上戴着面具，不同的角色身着不同的服饰。地戏常常在春节期间和七月半谷子扬花时节演出，是天龙古堡古镇居民的精神寄托。

地戏表演

凤阳汉装

　　天龙屯堡古镇妇女如今仍会穿着明朝时期的服饰——"凤阳汉装"，上身为大襟长袍，长度大约到小腿处，通常为青色、蓝色或绿色，一般在领口、袖口和斜襟处有彩线装饰，下身穿着蓝色长裤作为衬裤。

　　关于天龙屯堡古镇妇女的装饰还有这样一个顺口溜："头上一个罩罩，耳上两个吊吊，腰上一个扫扫，脚上一对翘翘。"意思是说：屯堡妇女头上戴着布巾，耳上挂着耳环，腰上系丝带，脚上穿着尖头绣花鞋。

　　天龙屯堡古镇的妇女的穿着装饰沿袭了几百年，来到古镇仿佛穿越了历史，回到了大明王朝时期。

大同：石头写成的历史

大同古镇位于贵州省遵义赤水市的赤水河边，古镇水陆交通便利，曾经作为码头，商贸交易频繁，古镇繁华一时。

随着历史的变迁、经济中心的转移，如今的大同古镇虽不再是经济中心，但是浓郁的耕读文化和淳朴的民风，深深地吸引着大城市的游客纷至沓来。

明清时期的古建筑在大同古镇依然保存完好，古建筑类型多样，民居、庙宇、牌坊、大殿、古墓等在大同古镇都可寻到，遗留的古建筑建造精美、雕刻精细，体现了深厚的传统文化底蕴，被西方人称为"石头写成的历史"。

鸟瞰大同古镇

龙门：百步遗踪的帝王故里

　　龙门是位于浙江省杭州市富阳区的一座古镇，古镇坐落于富春江龙门山下，北部毗邻富春江，距离杭州仅50多公里。龙门山高大巍峨，峰峦叠嶂，东汉名士严子陵在游览龙门山时曾赞叹："此地山清水秀，胜似吕梁龙门。"古镇也因此得名龙门镇。

　　龙门古镇内的居民大多为三国时期东吴君主孙权的后代，如今古镇还保留着东吴遗风，例如古老的龙门竹马舞，其演绎内容即为三国时期吴国大败敌国的战争场景，以此来歌颂祖先的功绩。

　　古镇内保留着规模庞大的明清民居建筑和玲珑秀美的同兴古塔。此外，古镇风景优美，自然景观丰富，周围有全县最高的山峰杏梅尖和气势宏伟的龙门瀑布。来到古镇，既可感受充满文化气息的人文景观，亦可领略风景秀美的自然景观。

百寿：福寿文化的秘密

百寿镇坐落于广西壮族自治区桂林市永福县，距离桂林市约 68 公里。

百寿镇原名为寿城乡，而后曾更名为纯化县、永宁州、古化县等，后因"百寿图"摩崖石刻得名百寿镇。百寿图石刻整体呈现一个繁体"寿"字，作者匠心独运，在这个"寿"字内篆刻了 100 个小寿字，小寿字采用象形文字、篆、隶、行、草等多种字体，百寿文字各异，集各种字体书法于一体，是难得的石刻珍品。该图由宋朝知县史渭所制，其寓意吉祥，因此被人们广为传颂。

百寿镇所在的永福县自古就有"水旱无忧三千垌，十里常逢百岁人"的美誉，如今又被封为"中国长寿之乡"。

以百寿镇为代表，永福的居民多长寿，究其原因，离不开其周围良好的生态环境。该县位于桂林西南，当地山清水秀，空气清新，四

季气温舒适，水质优良，物产资源丰富，当地的居民安居乐业，自然
多福多寿。

百寿石刻

婺源：天光云影山如黛，桥落彩虹水长流

黄姚：群山环抱，绿水绕行

阳朔：闲看云烟空峰峦

泸沽湖：高原明珠，水清岛幽

凤凰：如梦如歌的山水画乡

丽江：精致水乡之容、山城之貌

大理：观苍山洱海，看云卷云舒

禾木：喀纳斯湖畔的仙境

香格里拉：令人神往的天空之境

丹巴藏寨：岩巅上的世外桃源

第五章

灵逸自然，绚祥清秀山水间

　　隐藏在山水间的古镇连同周边的风景仿若一幅层层渲染的油彩画，高低楼阁和山光水色完美融合，边界朦胧，布局清晰，画中的留白恰似小镇被薄雾笼上的轻纱。

　　流水潺潺，炊烟袅袅，绿树青山，阡陌交错……这是带着烟火气息的自然之美，走进这些古镇便是走进你心中的桃花源，不需要刻意寻觅，处处皆是风景。

婺源：天光云影山如黛，
　桥落彩虹水长流

婺源素来有"中国最美乡村"的美誉，这里青山环绕，绿水穿城，初春有梯田花海，深秋赏漫山红叶。素雅的民居与碧草黄花相映成趣，明清时期留存至今的古建筑在山水间静静伫立。

山水田园之间

婺源县处于亚热带季风气候区，夏季高温多雨，冬季温和少雨。

婺源县为丘陵地貌，地势由东北向西南倾斜，多低山矮丘。婺源县内最高的山为擂鼓峰，海拔约 1630 米，处于赣、皖交界处，山尖陡峭，如利剑插入云霄。

　　婺源水网密布，段莘水、小港水、中云水和赋春水等多条河流从山谷中穿过，由东北流向西南，注入乐安江，江水蜿蜒向西，最终汇入鄱阳湖。

　　婺源多梯田，篁岭的梯田更是被评为"全球十大最美梯田"之一。阳春三月，婺源漫山的油菜花绽放，放眼望去一片金黄。白墙黛瓦错落分布在花海之间，构成了一幅自然曼妙的山水田园画。

　　婺源盛产绿茶，早在唐朝时就是产茶胜地了，陆羽的《茶经》中有"歙州茶生于婺源山谷"的记载，可见婺源绿茶不仅历史悠久，而且质量上乘。婺源绿茶芽肥叶厚，汤色碧绿明亮，香气浓郁醇厚，历来为人所称道。

婺源油菜花海

钟灵毓秀之地

婺源县始建于唐开元二十八年，因距离婺水之源较近而得名"婺源"，隶属于歙州。宋徽宗宣和三年，歙州改称徽州，统一府六县，婺源是六县之一。1934 年，国民政府将婺源划入江西省，1947 年又划入安徽省管理。中华人民共和国成立后，婺源县被划归江西省，现属上饶市，处于赣、皖、浙的交界处，总面积 2967 平方千米。

婺源是朱熹、江永、詹天佑等名人的故乡，婺源博物馆被称为"中国县级第一馆"，婺源的徽剧、傩舞、三雕、歙砚制作技艺和绿茶制作技艺都是国家级非物质文化遗产。由此可见，婺源不仅历史悠久，文化底蕴也很深厚，不愧为钟灵毓秀之地。

婺源古村落

　　大大小小的村落分布在重叠的山峦、纵横的溪涧间，有时薄雾轻起，像是山野间的炊烟，让人不禁想到靖节先生的诗："暖暖远人村，依依墟里烟。"

　　婺源县内有明清时期的古祠堂113座、府第28座以及古宅36座，这些建筑虽历经百年风霜，却依旧保存完好。

　　明清时期的徽式建筑几乎遍布婺源的各个村落，高低错落的马头墙，随处可见的青砖白墙，雕刻精美的门楼梁柱……这些建筑都在向世人诉说着这座古镇走过的漫长岁月。走在婺源青苔点点的石砖上，像是走进了悠长的历史中。

黄姚：群山环抱，绿水绕行

　　黄姚位于广西贺州昭平县，处在漓江的下游地区，是一座有着900多年历史的古镇，有"梦境家园"的美称。

　　黄姚为典型的喀斯特地貌，岩溶洞穴遍布。这些洞穴有的宽阔高大，有的幽深神秘，洞内有各种钟乳石、石柱、石笋，千姿百态，奇幻多彩。

　　黄姚多奇峰异石，山势陡峭，峥嵘崔嵬。黄姚地势北高南低，四周山岭绵延，中部是山石间夹的平地。姚江、小珠江、兴宁河流经古镇，带来了丰富的水资源。若乘一叶扁舟游于水上，便可观两岸峭壁奇石，以及盘踞在岸边的百年古树。800多年的古榕树虬枝盘曲，苍劲葱茏，还有参天的油樟树、珍贵的龙鳞树……这些造型奇特的古树长在山谷中、溪岸旁，树冠交叠、盘根错节。阳光穿过树枝缝隙投射在清澈的水面上，一派潋滟风光。

　　黄姚古镇始建于宋朝，据说是因为这里黄、姚两姓的居民很多，所以叫作黄姚。明清时期，随着经济的发展，黄姚逐渐从以农业为主的小村落发展成了以商业为主的小镇。

　　古镇内有主街8条，这8条街道全部由青石板铺就，且砖与砖之间没有粘合物，而是靠准确的尺码进行拼接。石板路是清顺治年间铺设的，留存至今，可见当时工匠的建造水平之高超。

黄姚古镇一隅

　　黄姚的建筑以梅花八卦阵排列，从高处看，街巷纵横交错，宛若迷宫。古镇中有明清时期的寺观庙宇 20 多座，亭台楼阁 10 多处，古桥 10 余座，以及楹联匾额百余幅。这些建筑中较为著名的有文明阁、宝珠观、兴宁庙、古戏台等。古戏台是黄姚极具代表性的建筑，始建于明嘉靖三年，是一座单檐歇山顶八柱亭阁式戏台，也是黄姚唯一一座戏台。

　　黄姚共有祠堂 11 座，这些祠堂装潢考究、富丽堂皇，承载着一个个家族的兴衰荣辱，也见证了黄姚的发展变化。如今，这些祠堂内的装饰已经褪去鲜艳的色彩，但透过它们精巧的构造、繁复的雕刻，依稀可见这些家族昔日的繁华。

　　黄姚就像远离世俗尘嚣的千年古卷，躲在山水间任时光流淌，走在古镇悠长的小巷里，时间仿佛在此凝固……

阳朔：闲看云烟空峰峦

　　阳朔县位于广西桂林市，在桂林南部，全县总面积 1436 平方千米。隋朝开始将阳朔县立为县级行政中心，在羊角山下建立县衙，取羊角的谐音"阳朔"作县名，这一县名也一直被沿用至今。

　　阳朔县地势复杂，一部分为山地丘陵，一部分为岩溶地貌，其中丘陵占比更多，是阳朔的主要地貌。岩溶地区山石林立，山石之间有河流冲击形成的平地，较为平坦。

　　聚龙潭是阳朔县内唯一一个可以通过水、陆两种方式进行游览的溶洞。整个溶洞由黑岩和水岩组成，因为洞内奇石形态犹如游龙戏水而得名"聚龙潭"。洞内钟乳石琳琅多姿，美不胜收，景点多达 40 余处，比较著名的有"海上明月""水晶龙宫"等。

　　阳朔的主峰为碧莲峰，原名为鉴山，整个山形上尖下宽，明嘉靖年间，广西布政使洪珠为其题名"碧莲峰"，只因远观该峰，像极了一朵含苞欲放的莲花。漓江绕山而过，山影倒映在水面，清风吹过，水波荡漾，仿佛莲花徐徐盛开。

阳朔县内有大小河流 16 条，多发源于山间，自西北流向东南。遇龙河是漓江在阳朔县内最长的一条支流。河水两岸山峦起伏，河畔绿草如茵，树木繁茂，风光秀丽。河上的遇龙桥建于明朝，是一座历史悠久、雄伟美观的石拱桥，也是阳朔的重要古迹之一。

在古色古香的阳朔，西街是最特别的存在，因为这是一条外国人聚集的街道，很多外国人选择在西街开起各式各样的咖啡馆、酒吧等，因此西街也被称为"洋人街"。西街呈东西走向，长约 800 米，宽约 8 米，这里也是阳朔最为繁华的一条街道之一。

阳朔遇龙河风光

　　西街的整条街道都由大理石铺就而成，街道两旁有清朝遗留的低矮砖瓦房，白墙红窗，带着岭南建筑特有的典雅。不少西方游客来阳朔游玩时被西街的古韵所吸引，有些人就直接在这里定居、开店了。街道两旁鳞次栉比的古建筑上挂着英文招牌，雕刻精美的木质门窗上挂着充满西式风情的装饰品，西街也就成了中西方文化交融的地方。漫步在这条街上，可以见到世界各国的人聚在这里的酒吧、咖啡屋里，他们或开怀大笑，或随意交谈，为这条古街增添了几分异域风情。

泸沽湖：高原明珠，水清岛幽

    泸沽湖镇位于四川省盐源县西北部，镇中的泸沽湖湖盆区坐落于永宁盆地。湖泊呈北西—东南走向，面积约 50 平方千米，湖水容量约为 22 亿立方米，是中国第三深的淡水湖。

    泸沽湖处在西南季风气候区，这里气候温和，冬暖夏凉。湖泊周围群山环绕，景色宜人。每年 5 到 10 月，泸沽湖的湖面上会开满白色的小花，花瓣雪白，花蕊淡黄，淡雅清新，在水中随碧波荡漾，十分罕见，此时泛舟湖上犹如置身花海之中。

    摩梭人居住在泸沽湖畔，他们有自己的语言体系，讲摩梭语，但没有文字，是纳西族的一支。摩梭人也是目前为止中国唯一存在的母系氏族。

    大落水村在泸沽湖畔，是摩梭人世代居住的村落。这里的房屋大多是木质的，由方木垒成，用长约 1 米的木板作瓦。房屋的内部结

美丽的泸沽湖

构也符合摩梭人母系氏族的特点，正室里放着火塘，也是房屋的中心，其余房间为老人或孩子居住。另设一栋二层小楼是"客房"，留给青年女子和她的情人居住。这里依山傍水，生活悠闲，当地的摩梭人还会在傍晚时分穿着传统服饰载歌载舞。

格姆女神山是泸沽湖周边最高的山，海拔 3770 米，在摩梭语中，"格姆"意为狮子，因而格姆山也叫狮子山。在藏语中，格姆山是"森格格姆"，"森格"是狮子的意思，而"格姆"则是白色女神。当地人将这座山看作女神的化身，每年的农历 7 月 25 日都会在泸沽湖畔举行转山节，这一天，人们身着盛装，热闹地举行对歌、赛马等活动。

泸沽湖中散落着多个小岛，其中以"泸沽三岛"最为著名，即尼喜岛、里务此岛和奈终普岛。这些小岛被湖水环绕，站在岛上可见远山如黛、水天一色之景。

"鹊桥"走婚

秀丽的风光和独特的地方文化成为泸沽湖的名片，来到这里不仅可以观赏到绚丽多彩的自然风景，也可以体会摩梭人别具一格的文化传统。

泸沽湖的东南面是草海，在草海中有一座桥，叫作走婚桥。走婚是摩梭人特有的习俗，摩梭的青年男女若是约定了晚上见面，男子就会走过这座桥去和女子见面，因而这座桥也被看作泸沽湖中的"鹊桥"。

凤凰：如梦如歌的山水画乡

  凤凰古城，湖南省西南部的边陲小镇，总面积约 10 平方千米。这里是典型的少数民族聚居地区，居住着苗族、土家族等多个少数民族，具有十分鲜明的地方特色。

  凤凰古城建于明嘉靖三十五年，至今已有 400 多年历史了，古城中有明清时期的古建筑百余栋。

  沱江是古城内最长的河流，从西至东穿越整个古城，当地人将沱江看作母亲河。沱江江畔是错落有致的吊脚楼，吊脚楼依山就势而建，半为陆地，半为水，远看像是悬于江上。

  沱江之上是虹桥风雨楼，原名卧虹桥，是一座以当地的红条石为原料砌成的石拱桥，建于清康熙年间。整个拱桥有 2 个桥墩 3 个桥孔，桥墩是船形的，用于减轻水流冲击。民国时期曾重修此桥，在桥上建了吊脚楼木板房，在房内可开设商铺，中间有走廊可通行人。

虹桥风雨楼

在沱江北岸有一座高塔，名曰万名塔，建成于 1988 年。整座塔飞檐翘角，且每个翘角上都悬挂了风铃。塔内有灯，夜幕降临时亮起，一片灯火通明。灯光映照在江面上，随微波而动，十分动人。

凤凰古城内亭台楼阁无数，如遐昌阁、夺翠楼、许愿亭等，各具特色，绣闼雕甍。城内还有两百多条石板街道，街道两旁是鳞次栉比的各色商铺，繁华热闹。

每每提及凤凰古城，都有一个绕不开的人，那就是沈从文。无论

凤凰古城

是小说《边城》《长河》，还是散文《湘西散记》，沈从文先生的作品里总有家乡凤凰的影子，他用清淡的笔触为我们描绘出了一个民风淳朴、如诗如画的古城。

沈从文故居坐落在古城里的小巷内，是一座小巧别致的四合院，院内的雕刻带着湘西独有的风味，先生的青少年时期就在这里度过。

沈从文先生的墓地位于沱江边的听涛山上，沿着山道拾级而上，可见一天然五色巨石，这便是先生的墓地所在。巨石上刻着先生写在《抽象的抒情》里的话："照我思索，能理解我；照我思索，可认识人。"流光一瞬，华表千年，斯人已逝，幽思长存。

凤凰古城不仅仅是一座城，更是许多人心里的烟雨边城，走在沱江边，像是走进了书里那个"雨落个不止，溪面一片烟"的小镇里。

丽江：精致水乡之容、山城之貌

丽江古城是中国以整座城申报世界文化遗产并获得成功的古城之一，在这里，你既可以寄情山水之间，欣赏自然美景，也可以深入当地居民的日常生活，体会云南少数民族独有的风土人情。

高原上的古城

丽江古城又名大研镇，位于云南省丽江市古城区，处于云贵高原和青藏高原的连接处，面积约 7 平方千米。古城坐落在玉龙山脚下，依山傍水，虽地处高原但阳光充足，降水多，全年温差不大，是一座雪山美景和小桥流水兼容的古城。

象山山麓的黑龙潭是古城的主要水源地，蜿蜒的水流自象山而下，流经古城的街头巷尾。黑龙潭潭水清澈冷冽，四周有绿树青山，明清时期的亭台楼阁散落在潭边。

黑龙潭以北是东巴文化博物院，东巴文化是纳西族的文化，至今已有1000多年的历史。丽江作为纳西族的主要聚居地，有着大量的东巴文化留存。东巴文化博物院成立于1984年，是仿古纳西族四合院式的建筑，院内收藏文物1万多件，包括东巴经书、出土文物等体现纳西族古老民族文化的珍品。

古城中有一狮子山，山上有一阁楼，名为万古楼，是古城的地标性建筑。万古楼是五层五重檐全木结构建筑，高约33米，登上阁楼可观全城风光，还可以看到终年积雪的玉龙雪山，雪山下的《印

黑龙潭的秋色美景

象·丽江》表演场面宏大，展现古老的东巴文化、茶马古道、丽江民俗民风，令人震撼。

古城街道以红色角砾岩铺就，城内居住着汉族、白族、纳西族等多个民族，因而城内建筑具有多民族融合的特点。民居墙壁建造采用多种材料，墙基用石块砌成，墙体用土坯或砖石建成，上部覆以木板。整个民居为土木结构，三坊一照壁是民居的常见形式，正房一坊朝南，东西有厢房，正房对面设置照壁。

四方街位于丽江古城的中心，五彩石铺就的街道与四周街巷相连，交通便利。这里商贸繁荣，是茶马古道上的重要枢纽站。四方街西侧有一条河道，河道上设有水闸，将水闸关闭，河道水位上升，水流蔓延整个广场，再将污水通过四面的暗沟排出，这样就可以将整个广场清洗干净了。

玉龙雪山

玉龙雪山是丽江境内的雪山群，13座山峰由南至北纵向排列，全长约75千米。山上积雪终年不化，在阳光照射下宛如一条银色的巨龙，所以被称作"玉龙"。玉龙雪山的主峰是扇子陡，海拔5596米，是北半球纬度最低、海拔最高的山峰。

玉龙雪山被纳西族人看作保护神"三多"的化身，是纳西族人心中的神山。

玉龙雪山

传奇木府

宋朝末年，纳西族先祖带领族人迁到了狮子山脚下。明朝时，首领阿甲阿得率领族人归顺明朝后，明太祖朱元璋赐"木"姓，并将其封为世袭知府。木氏在丽江古城开府建衙，人们将木氏的土司衙门称作木府。

木府

木府在丽江影响深远，一直到清雍正年间，朝廷开始直接向丽江派遣官员，削弱了木氏土司的权力，木氏一族也就逐渐没落了。

整个木府是官殿式的建筑群，府内有长 369 米的中轴线，议事厅、万卷楼等殿堂式建筑处于中轴线上，配殿、阁楼、家院等分布两侧，其间穿插有曲折环绕的回廊和小巧别致的花园。

大理：观苍山洱海，看云卷云舒

提到大理，人们总会想到大理多样化的美，想到苍山上不散的白雪，想到洱海边温柔的月光，想到古城里清凉的晚风……

山水相依

大理全称为大理白族自治州，地处云南省中部偏西，处于云贵高原和横断山脉的结合处，西北高、东南低。以苍山为界，苍山以西是高原峡谷，以东是山地陡坡。

苍山洱海是大理的明信片。苍山是云岭山脉南端的主峰，由云弄、沧浪、五台等19座山峰组成，被称为苍山十九峰。这19座山峰的海拔都在 3500 米以上，最高的马龙峰有 4122 米，山顶积雪终年不化，山腰下绿树成荫，整座苍山一半雪白，一半青翠，一半隆冬，一半盛夏。

　　洱海非海，而是一片湖泊，因为湖泊的形状像一只耳朵所以叫作洱海。洱海湖水面积约 251 平方千米，平均水深有 10.5 米，洱海旁有小普陀、南诏风情岛、双廊等景观。月圆之时泛舟洱海之上，可见皓月当空、江天一色之景。

蓝天白云下的苍山与洱海

妙香古国

在中国古代史上，有关大理国的史料记载不多，千年的历史不过史书上的寥寥几笔，实际上，这一偏居彩云之南的古国不仅历史悠久，更是文化名邦。

唐朝初年，大理一带有六个小国，南诏位于最南边。在唐朝的支持下，南诏打败其他小国，统一大理地区。然而，南诏归顺唐朝后又几度叛出，与唐军交战。唐昭宗天复二年，唐人后裔郑买嗣起兵灭南诏，大理再次进入多国割据的状态。

公元 937 年，中原处于五代十国时期，段思平建立了大理国。大理国国史分为前理和后理。《天龙八部》中的段誉的历史原型是大理宪宗段正严，他也是大理国在位时间最长的国君。段正严共在位 39 年，其间励精图治，为政清明，是公认的贤明君主。退位后，段正严在无为寺出家，法号广弘。

禅位出家是大理国的传统，君主一般主动禅让，之后择一寺庙出家。大理国 22 位君主中，有 10 位在无为寺出家，9 位在崇圣寺出家。这一传统使得大理国历代国君都尊崇佛法，兴建寺庙佛堂，大理也被称为妙香古国。

崇圣寺三塔是大理著名的佛塔建筑，大塔建于南诏时期，塔高近 70 米，有 16 层，是典型的密檐式空心四方形砖塔建筑。大理国时期在大塔南北方各建了小塔一座，两座小塔一样高，约为 42 米，共有

10 层，是密檐式空心八角形砖塔建筑。三座塔立于洱海之畔，见证了大理的千年历史。

大理崇圣寺三塔

禾木：喀纳斯湖畔的仙境

布尔津县的禾木古村镇，是图瓦人的聚居地，位于新疆维吾尔自治区北部，处于阿尔泰山山脉的西南山麓，是重要的对外贸易口岸。

布尔津县因布尔津河而得名，布尔津河是额尔齐斯河的支流，自北向南贯穿布尔津县。

喀纳斯湖在布尔津县北部，紧邻禾木，"喀纳斯"是蒙古语，意思是美丽而神秘的湖。喀纳斯湖是淡水湖，也是中国唯一的北冰洋水系湖泊，湖水主要是冰川融水和当地降水。喀纳斯湖的湖面海拔是 1374 米，湖深约 188 米，是中国最深的冰碛堰塞湖。喀纳斯湖也是中国唯一的南西伯利亚区系动植物分布区，在湖畔生长着云杉、冷杉、落叶松等珍稀树种，独具北国风光。

图瓦是一个古老的民族，其历史可以追溯到公元前 3 世纪左右，目前禾木是图瓦人在中国分布最多的一个村落。

喀纳斯月亮湾

　　中国的图瓦人主要居住在喀纳斯湖畔，以游牧、狩猎为生，依然保持着较为原始的生活方式。

　　图瓦人有着自己的生活习惯和语言，每年的 10 月 25 日是邹鲁节，也叫入冬节、点灯节，是图瓦人特有的节日，在这一天，所有在外放牧的人都要回家。

图瓦人能歌善舞，独特的呼麦唱法动人心魄。所谓"呼麦"就是利用喉头的压力产生不同频率的泛音，这样一个人就能唱多个声部了。

图瓦人的房屋是木质的，房屋整体为方形，屋顶是尖顶。小屋散落在山林之间，雪后四周一片苍茫，炊烟袅袅，犹如童话故事里的仙境，宁静祥和。

喀纳斯湖畔的图瓦民居

香格里拉：令人神往的天空之境

"香格里拉"是藏语，意为"心中的日月"，香格里拉不仅是当地人心中的白月光，也是很多人心心念念的远方。这里有雪山、峡谷、草原，也有古城、佛塔、公园，所有你想要看到的风景都可以在香格里拉一窥其风采。

人间秘境

香格里拉在云南省的西北部，处于云南、四川、西藏的交界处，总面积 11 613 平方千米。

香格里拉地处高原，平均海拔 3459 米，有哈巴雪山、梅里雪山等多座终年积雪的山峰。境内有河流 200 多条，大多注入了金沙江。因而有人用"雪山为城，金沙为池"来形容香格里拉的地貌特征。

哈巴雪山在香格里拉的东南部，与玉龙雪山相望，两山之间隔着虎跳峡，"哈巴"是纳西语，意思是"金子之花朵"。哈巴雪山的最高峰有 5396 米，山势陡峭险峻，山顶终年冰封，山腰有冷杉、针杉等植被，山麓则是山地常绿阔叶林。

因为地形复杂，纬度低而海拔高，香格里拉不同地区的气候差异明显，有森林气候、湖盆气候等多种局部小气候。香格里拉的生物在

普达措国家公园

生长时受到不同气候的影响，逐渐形成了鲜明的区域特色，香格里拉也因此被称为"天然高山生物园"。

普达措国家公园是香格里拉的重要旅游景点，包括湖泊、湿地、草原等多种景观。

碧塔海是云南境内海拔最高的湖泊，也是普达措国家公园里不容忽视的景点之一。碧塔海用藏语讲是"碧塔德措"，意为"宁静的海"。碧塔海在雪山脚下，湖水由山间溪流汇聚而成，湖面海拔约3538米，呈海螺状。碧塔海被誉为高原上的明珠，湖水清澈，四周草木繁茂，景色宜人。

佛经里的香巴拉

噶丹·松赞林寺是香格里拉的著名寺院，也是云南省规模最大的藏传佛教寺院，有"小布达拉宫"之称。

寺院依山而建，规模宏大。主殿建在寺院中央，坐北朝南，为五层藏式碉楼建筑，雕梁画栋，金碧辉煌。殿内有壁画，记述了一些佛法故事。顶层正楼设有佛堂，供奉着一些佛像以及经书。

噶丹·松赞林寺

丹巴藏寨：岩巅上的世外桃源

　　丹巴县是位于四川西部、甘孜藏族自治州东部的一个小县城，总面积 5649 平方千米。

　　丹巴县内水系纵横，河网密布，有大小河流 100 多条，大渡河由北至南贯穿全县，河流两岸是崇山峻岭，重峦叠嶂，多山地幽谷，地势西高东低，玉科——丹巴断裂带贯穿丹巴全县。

　　丹巴藏寨是丹巴县的藏族村落，寨中的民居富有浓郁的民族特色，既有当地山寨建筑的特征，也有丹巴县碉楼的风格。碉楼是丹巴县的特色建筑，为四角或六角的高方柱状体，主要采用泥土和石块建造而成，墙体坚固，外形美观。

　　丹巴藏寨的民居吸收了碉楼的建筑特点，一般为三层，顶层外侧以黄、黑、白三种颜色为主，这也是丹巴藏寨建筑的特点之一。丹巴藏寨一般建在山坡上，山寨规模不一，小的有几十户人家，大的有几

丹巴秋景

百户人家。这些山寨错落有致地分布在县城中，与周围的树木、花草相融合，构成了一幅悠闲恬静的山野民居画卷，体现了人与自然和谐共处的美好状态。

点缀于大自然中的丹巴藏寨民居

西溪：煮海为盐，天下盐仓

福宝：盐马古道上的驿站

易武：茶路之源

恰萨：丝路陶都

太平：川黔商旅聚散之地

青岩：交通通道，兵争要地

束河：茶马古道上的皮匠之乡

独克宗：高原马帮中转站

濯水：融贯四方的交通枢纽

松口：南洋漂流走他乡

第六章

古道驿站，贸易线上的古镇

　　驼铃阵阵，流水潺潺，昔日繁华的贸易景象仿佛就在眼前。在一条条贸易线上，众多供东奔西走的经商之人开展贸易活动的古镇逐渐形成。这些古镇不仅身处要地，作用突出，其建造工艺更是精妙绝伦，令人赞叹。

　　岁月不断更迭，马帮也逐渐退去，尽管昔日的热闹盛景不再，但古镇依然守望在那里，静静地诉说着曾经的岁月！

西溪：煮海为盐，天下盐仓

　　有这样一个古镇，先民在这里"煮海为盐"，以"天下盐仓"闻名于世，它就是西溪古镇。

　　西溪古镇始建于西汉，现位于江苏省东台市，其依山傍海，自汉代起就成了重要的海盐产地，也是我国盐文化的发祥地，被誉为"东台之根"，历史文化底蕴深厚。

　　西溪古镇曾是北宋三位名相任盐税官之地，这里有着董永与七仙女的美丽传说，有着丰富的人文内涵和众多的历史古迹。

　　东台西溪人文荟萃，尤以"三相文化"而闻名。北宋时期，吕夷简、晏殊、范仲淹曾先后来到西溪监管盐仓，并在此地广施仁政，办学兴读，受到百姓的爱戴与拥护。其中，晏殊在任期间创建了以"明体达用"为宗旨的西溪书院（后更名为"晏溪书院"），开启民智。范仲淹以天下为己任，率众修建堤坝（史称"范公堤"），造福百姓。

西溪古镇风光

海春轩塔

泰山寺

"三相"不仅为西溪古镇留下了众多历史遗迹，更为西溪古镇增添了浓厚的文化气息。

众所周知的董永与七仙女的故事相传就发生在这里，西溪古镇中至今还保留着董永祠、辞郎河等遗迹，向人们诉说着曾经美丽的传说。

这里传说令人着迷，这里的传统美食更是让人流连忘返，龙虎斗烧饼、鱼汤面、陈皮酒等，别具风味和特色。

除了这些，西溪古镇也有着精美的建筑艺术。

坐落在西溪古镇的海春轩塔据记载始建于唐朝，距今已有1300多年的历史，其不仅年代久远，而且是唐朝末年南北古塔建筑体系的衔接者，价值可见一斑。

古镇内的晏溪书院为北宋时期的晏殊所创立。书院灰瓦白墙，屋

通圣桥

檐错落有致，整个建筑看上去古色古香。

泰山护国禅寺与海春轩塔遥相呼应，又称"泰山寺"。泰山寺始建于北宋年间，距今已有900多年历史。该寺庄严恢宏，巍峨壮观，与晏溪书院、海春轩塔等共同构成了古镇的古建筑群。

通圣桥

想要从海春轩塔到泰山寺，就要通过一座桥，此桥便为通圣桥。

通圣桥始建于南宋嘉定年间，迄今已有800多年的历史。此桥由砖砌成，长22米，拱高5.5米，中宽5.2米，距今依然保持着最初建造时的基本结构。

福宝：盐马古道上的驿站

　　在四川泸州隐藏着一座古镇，这座古镇可能少有人知，却在历史上占据着独特的地位，它是四川南部盐马古道上的重要驿站，有着几百年的盐运史，而且风韵独特，它就是福宝古镇。

　　福宝古镇曾经以"庙宇兴场"，因此又名"佛宝镇"。福宝古镇位于四川省泸州市合江县，依山傍水，其始建于元末明初，至今保留着众多明清时期的古建筑。

　　登高远眺，整个古镇尽收眼底。古镇高低不平，错落有致，房屋顺着山势起伏，姿态各异。街道多由青石铺就，蜿蜒延伸至各个角落，形成多条巷道。蜿蜒的街巷间坐落着回龙桥、惜字亭、三宫八庙等古建筑。整个古镇古朴典雅，宛若一幅充满诗意的水墨画，令人不禁沉醉其中。

　　古镇入口处的回龙河上横跨着一座石桥，即回龙桥。此桥始建于

福宝古镇风貌

道光年间，全部由青石铺就，全长 25 米，桥面宽 4 米，拱高 6 米，桥的中央位置雕刻有长龙，气势非凡。

在古镇的一棵大黄角树之下，矗立着一座亭台，名为"惜字亭"。此亭历史久远，始建于乾隆年间，共六层八方，高 8 米，每一层每一方都刻有不同的图案。在古代，这里是读书之人集中处理废弃纸张的地方，古代文人尊圣贤、惜字画，即便有不如意之作，也不会随意丢弃，而是会集中起来放入惜字亭中焚烧，以示尊重。

古镇中颇有名气的古建筑当属三宫八庙，三宫即清源宫、万寿宫、天后宫，八庙即五祖庙、土地庙、张爷庙、禹王庙、火神庙、灯棚、王爷庙、观音庙。这些建筑各有特色，各具神韵，布局皆精巧合理。

　　别致的房宇，古朴的街道，庄严的古建筑，使得这座百年古镇充满诗情画意，别有一分蜀中风情。

福宝古镇街巷

易武：茶路之源

轻抿茶汤，满口飘香，令人回味无穷。茶的香气让思绪愈加绵长，不禁令人思索这茶香之源。

易武，就是一个满是茶香的地方，其生产茶叶，也因茶而得名。易武深居西双版纳群山之中，虽地处偏僻，却极负盛名，其不仅是茶商的必争之地，也是爱茶之人的向往之地。

易武是有着千年历史的茶马古镇，易武茶山是古时六大茶山之首，不仅有着丰富的茶文化，更是茶马古道的起点，有着"中国贡茶第一"的美称。

易武为云南六大茶山之一，早在乾隆年间就有制作贡茶的茶号。进贡的普洱茶多从易武出发，这里是马帮集结出发点，是普洱茶最早的集散地之一，也被称为滇藏茶马古道的起点。

清末民初，易武茶依旧火热，而且众多的老字号茶庄开始出现在

易武古镇

古镇中，一时间茶庄林立，呈现一片繁荣的景象。

易武茶山是传统普洱茶的原产地，独属于此地的石磨压茶法独特先进，堪称古法制茶的典范，现已列为非遗传承手工技艺，并得到广泛传播和运用。

现在，古镇中多为老式建筑，石板小路将这些错落的房屋连接起来，使人有一种闲适幽静的感觉。这里的人们一直坚守着传统的采茶制茶行业，这里是他们努力的起点，也是梦开始的地方。

易武茶叶

恰萨：丝路陶都

在中国新疆辽阔的土地上，有一座因丝绸之路兴起的独具风韵的古镇，它就是恰萨古镇。

恰萨地处新疆维吾尔自治区喀什地区，其历史悠久，颇具民族风情。早在唐朝时期，喀什地区就是军事要地，自丝绸之路开启之后，此地便成了丝绸之路上的重要驿站。贸易的频繁往来，也带动了当地陶器的发展，恰萨便逐渐成为丝绸之路上的陶都。

遥望这座古镇，映入眼帘的是一座座古老城堡式的建筑，这就是恰萨人居住的高台民居。

人们之所以将房屋建在高台之上，是因为高台上有大量的黏土，而这些黏土是制作陶器的绝佳材料，人们便将房子建立在这土崖之上，以便获取黏土，方便烧制，由此就有了今天的高台民居。民居房屋层层叠加，错落有致，坚固异常，数百年来经受风吹日晒，依然屹立不倒。

　　恰萨古镇的制陶业非常发达，一度与景德镇齐名。随着时光的流逝，现在的恰萨虽不似昔日风光，但依然吸引着众多制陶人和喜陶人慕名前来。

　　望着这座小镇，土崖上的古堡异常醒目，它仿佛在凝望着过去和未来，诉说着一个个美丽的故事。

喀什高台民居

太平：川黔商旅聚散之地

　　太平古镇位于四川泸州古蔺县，地处古蔺河与赤水河的交汇处。太平古镇曾称"落洪口""鹿平场"，后更名为"太平渡"，一直沿用至今。太平古镇依山傍水，高低错落，素有"小山城"之称，其地处川黔交界处，交通便捷，风景优美，又有着"赤水明珠"的美誉。

　　在明末清初时期，因此地水路交通便利，为了便于川盐入黔，便在此地设立水路驿站，众多川黔商旅聚散于此地，贸易十分繁忙，此地因此而逐渐繁华。

　　太平古镇中的古建筑群可谓古镇的一大特色，古镇中大多数的房屋都为明清时期所建造，所用的建构方式为古代干阑式和吊脚楼等，青瓦木楼鳞次栉比，房屋、山水遥相辉映。

　　沧桑古老的石板弯弯曲曲，连接着街头巷尾，层层台阶蜿蜒延伸，街道两旁的房屋顺势而立，使得古镇看上去恬淡古朴，极具美

俯瞰太平古镇

感。房屋的山墙之外还有象征平安、幸福的泥塑山花，令古镇显得更加古朴且别具特色。

太平古镇的民俗文化也别具风情，其中苗族歌舞、古蔺花灯等十分有特色，至今古镇都保留着耍花灯、划龙船、唱川剧等传统活动。

坐落在山水之间的太平古镇，因驿站的设立和商贾的云集而繁荣，因独特的地域风采、建筑风格和民俗文化而闻名，其历史地位、艺术成就、人文景观和文化令人折服。走进太平古镇，吊脚小楼、石板台阶、山水风光，这种美总让人难以抗拒，也让人流连忘返。

太平古镇的房屋建筑

太平古镇的街道

青岩：交通通道，兵争要地

　　青岩古镇，名列贵州四大古镇之一，旧时乃交通要道，军事要塞，兵家必争之地。现虽不再是雄踞关隘的军事要地，但古老的城楼依旧守望着古镇，让人无法忘却曾经那段金戈铁马的历史。

　　青岩古镇位于贵州省贵阳市南郊，其建造时间最早可追溯至明洪武年间。作为当时的军事要塞，其为守护一方城池和百姓发挥了重要作用。

　　青岩古镇没有江南古镇的婉约之美，更多地带有一股阳刚之气，集中体现在建筑方面，此外牌坊、木雕艺术也别具特色，体现着人们的智慧和高超技艺。退去"战衣"的古镇也是一座热闹的古镇，这里商贾云集，贸易活动频繁，十分热闹和繁华。

　　青岩古镇分内外两城，有东、西、南、北4座城门，城门之间由城墙相连，城墙之上设有炮台、垛口和敌楼，而且与山峦相依，防

青岩古镇风光

青岩古镇北城门

御功能极强。

除了城楼，青岩古镇的民居也非常有特色。这里的民居多为明清时期的建筑，而且异常讲究。民居的朝门多为垂花门，门上还刻有精美的图案，如蝙蝠、鲤鱼等，寄托了人们美好的愿望。屋脊上的石雕也极其精美，其形状类似翘起的鱼尾。

青岩古镇东城门

在古镇之中，矗立着三座石牌坊，这些牌坊造型相似，均为四柱三开间牌楼，高约 9.5 米，宽约 9 米。牌坊上刻有各种石雕，十分精美。

除此之外，青岩古镇的背街、万寿宫、慈云寺、赵公专祠等都颇具特色，体现着当地的建筑风格与传统文化。青岩古镇的民族风情也极具特色，每年这里都会举办舞龙、跳花灯等活动。

从军事要地到繁华的场所，从魅力建筑到独特风俗，青石古镇凝聚了古人的魄力与智慧，也彰显出与众不同的魅力。

青岩古镇民居

青岩古镇石牌坊

石牌坊

　　石牌坊是一种以砖、石等为材料，由立柱和横梁组建成的门洞式建筑，属于中国的传统建筑类型。石牌坊常见于祠堂、庙宇、街道、园林等处，其不仅具有观赏价值，也具有社会价值，主要是用来表彰当地某些人物的功勋、德政等，起着一定的宣传作用。

束河：茶马古道上的皮匠之乡

束河，地处丽江景区的核心部位，是同丽江古城一同被列入世界文化遗产的古镇。

束河古镇与青山相靠，与清水相拥，与田园阡陌相依，与玉龙雪山、象山等相望，风光随四季流转，美不胜收。

束河，丽江上的皮匠之乡，古时这里的人们凭借一把锤子、一张皮子等，凭借努力、智慧和精湛的技艺，制作了一双双精致的束河皮鞋、一张张皮口袋，并通过茶马古道畅销各地，在茶马古道上书写着一个个悲欢故事。

束河古镇不仅风景优美，人文底蕴深厚，建筑也颇具风采。

走近青龙河畔，便能看到一条长长的石拱桥横跨在河上，这便是此地有名的青龙桥。青龙桥建于明代万历年间，其全长25米，宽4.5米，高4米，是丽江境内最大的石拱桥。青龙桥是茶马古道上的重要桥梁，在束河的经济文化中发挥了重要的作用。踏上青龙桥，桥面明显有了岁月的痕迹，但当年的气势和庄重之感依旧存在。走在桥上，看着斑驳的桥面，清脆的马蹄声仿佛在耳边回响，一队队满载货物的车马浮现在眼前……

错落有致的民居建筑构成了古镇建筑中的重要部分。这里的民居构造较为简单，没有繁复的雕刻与装饰，显得朴实无华，但布局十分精巧，门前有流水，院中有花果，亭台相映衬，构成了一幅美丽的风景画。

除此之外，四方街、龙潭也是这里颇有特色的地方，被人们津津乐道。这里还坐落着茶马古道博物馆，向人们展示着茶马古道的历史文化。

束河古镇风光

束河青龙桥

束河茶马古道博物馆

独克宗：高原马帮中转站

在云南香格里拉坐落着一座十分美丽的古城——独克宗。独克宗是现存最大的藏民居群，距今已有1300多年的历史。古时，独克宗曾是茶马古道上的重要驿站，是马帮在茶马古道上入藏的第一站，各个民族在这里互通贸易、交流文化。

独克宗古城不似丽江那般柔美，也不像大理那般浪漫，却独具清冷之美。独克宗依山而建，房屋墙壁多为白色，远远看去就像是在山上发光的城堡，而这也体现了"独克宗"在藏语中的两层含义："建立在石头上的城堡"和"月光之城"。

走入独克宗古城，古街巷顺地势而建，蜿蜒曲折，时高时低，颇具古韵。登高远眺，房屋层层叠叠，从中依旧能看到昔日的繁华。

独克宗古城的中心位置坐落着龟山公园，公园初建于清朝康熙年间，其最高处是一座朝阳楼。朝阳楼又称大佛寺，站在楼顶，整个古

独克宗古城风光

城的美景一览无余。

朝阳楼附近有一座名为"吉祥胜幢"的转经筒，该转经筒由纯铜和黄金打造而成，高21米，重60吨，上面刻有各种图案，精美异常。

龟山公园

濯水：融贯四方的交通枢纽

濯水古镇兴盛于唐宋时期，是一个有着千年历史的古镇。其地理位置优越，位于重庆市黔江区濯水镇境内，地处阿蓬江畔，融贯四方，所以自古以来便是重要的驿站，也是商道和盐道的必经之路，众多商贾聚集此地，造就了繁华的濯水古镇。

濯水古镇地处深山，依山傍水而建，远远望去，鳞次栉比的屋宇映入眼帘。步入濯水古镇，走在青石板铺就的老街上，不禁被这古老的街道、两旁错落有致的房屋建筑所吸引，这儿的民居建筑类型丰富，有的是别具特色的吊脚楼，有的是四合院，它们之间自然融合，别有韵味。而其他的装饰性建筑更为民居建筑增添色彩，镌刻着精美壁画的风火墙矗立在民居之间，精美的木雕窗花镶嵌在窗户上，精致的石刻四处可见。漫步在街巷中，仿佛置身于艺术的殿堂，让人流连忘返。

濯水古镇建筑

濯水古镇街道

　　阿蓬江上不仅房屋矗立，庄严而美丽的风雨桥也坐落其上。风雨桥长 303 米，宽约 5 米，其长度不仅亚洲罕见，外形也十分独特，由桥、塔、亭三部分组成。风雨桥虽为木质结构，但榫头卯眼的相互穿插与衔接，使得桥的结构十分牢固。桥有三层塔亭，桥面铺板，桥顶盖瓦，檐角飞翘，装饰丰富，整座桥古朴而壮观。来往的行人常在此处躲避风雨，这也是"风雨桥"名字的由来。

　　濯水古镇的各个角落还伫立着众多古老的建筑，而且民俗风情别具特色，这些都值得我们亲身前往去欣赏、去探索。

濯水古镇风雨桥

松口：南洋漂流走他乡

　　位于广东省梅州市梅县区的松口镇，是一座有着千年历史的古镇，其是明末客家人出南洋漂流走他乡的第一站，蕴含着丰富的文化，素来有"文化之乡"等美誉。

　　松口古镇有着得天独厚的自然风光和丰富的历史文化遗存，四处散发着古色古香的气息，承载着动人的故事。

　　这里有古秀阶、承德楼等客家建筑，还有着历史悠久的围龙屋。除此之外，这里还有建于明末的元魁塔、历经几百年风雨的世德堂和建于清代的五龙桥等。其中，承德楼建于1908年，共有18天井、48厅、108间房屋，厅堂雕梁画栋，精美异常，气派十足。元魁塔始建于明朝，由砖石建造而成，共9层，塔尖直冲云霄，其结构玲珑，建筑风格突出，极具研究价值。

松口古镇风光

元魁塔

参考文献

[1]《古镇书》编辑部 . 古镇书：广西 [M]. 石家庄：花山文艺出版社，2018.

[2]《家庭生活快易通》编委会 . 中国绝美古镇 31 地 [M]. 上海：上海科普出版社，2011.

[3] 良卷文化 . 中国精品古镇深度游（图解版）[M]. 北京：电子工业出版社，2016.

[4] 王俊 . 中国古镇 [M]. 北京：中国商业出版社，2015.

[5] 邢丽君 . 壮阔的心：藏疆旅行漫记 [M]. 北京：机械工业出版社，2015.

[6] 壹号图编辑部 . 中国古镇自助游 [M]. 南京：江苏凤凰科学技术出版社，2022.

[7] 张妙弟 . 美丽贵州 [M]. 北京：蓝天出版社，2015.

[8] 张妙弟 . 美丽重庆 [M]. 北京：蓝天出版社，2015.

[9] 知路图书 . 中国古镇游 [M]. 吉林：吉林科学技术出版社，2014.

[10]《中国古镇游》编辑部 . 中国古镇游珍藏丛书：江苏、浙江、上海分卷 [M]. 西安：陕西师范大学出版社，2003.

[11] 朱云乔 . 古镇，深陷温柔的生活 [M]. 北京：石油工业出版

社：2018.

[12] 陈小敏 . 江西婺源传统村落空间形态研究 [D]. 南昌：江西农业大学，2022.

[13] 吴翔 . 镇的起源与流变 [J]. 学术论坛，2015（11）：83-85.

[14] 叶中玉 . 基于非遗文化传承的特色古镇风貌塑造研究——以浙江瓶窑古镇为例 [J]. 建筑与文化，2021（6）：207.

[15] 安昌——绍兴著名的四大古镇之一，千年文化，风情迷人 [EB/OL].https://baijiahao.baidu.com/s?id=1715121832229743873&wfr=spider&for=pc，2021-10-31.

[16] 北方古镇过大年，独特的打树花传统民俗 [EB/OL].https://zhuanlan.zhihu.com/p/33958895，2018-2-23.

[17] 碧水贯街千万居，彩虹跨河十七桥，千年古城小桥神韵 [EB/OL].https://www.sohu.com/a/306399501_225576，2019-04-08.

[18] 春秋的水，唐宋的镇，明清的建筑，现代的人，是对她最恰当的形容 [EB/OL].https://www.sohu.com/a/407707646_390343?_trans_=000014_bdss_dkmwzacjP3p:CP=，2020-07-15.

[19] 寸氏宗祠 [EB/OL].https://baike.baidu.com/item/%E5%AF%B8%E6%B0%8F%E5%AE%97%E7%A5%A0/12283827，2022-03-23.

[20] [方志四川 春节特辑] 千年古城阆中："春节"发源地 [EB/OL].https://new.qq.com/omn/20210212/20210212A00JT700.html，2021-02-12.

[21] 芙蓉镇 [EB/OL].http://www.bytravel.cn/Landscape/6/rongzhen.html，2022-04-25.

[22] 古镇文化价值传承保护现状及存在问题分析——以黄姚古镇为例 [EB/OL].https://www.doc88.com/p-91373052048718.html，2021-04-21.

[23] 光福古镇｜古往今来，光福都是一个绝佳的旅游胜地 [EB/OL].https://baijiahao.baidu.com/s?id=1714305832868181949&wfr=spider&for=pc，2021-10-22.

[24] 广东四大古镇之一，梅州松口古镇，被誉为华侨之乡没有了往日繁荣 [EB/OL].https://baijiahao.baidu.com/s?id=1727990488793671286&wfr=spider&for=pc，2022-03-22.

[25] 广西最具匠心的石刻——永福百寿岩"百寿图"石刻 [EB/OL].http://www.gxdfz.org.cn/flbg/gxzhizui/ms/201612/t20161227_35279.html，2009-03-20.

[26]《记住乡愁》第六季 20200325 第三十八集 阆中古城——阆苑仙境 历法之源（上）[EB/OL]. http://tv.cctv.com/2020/03/25/VIDE60Ps1R1CCkSz9p194bvt200325.shtml，2020-03-26.

[27] 简述我国古镇旅游发展概况 [EB/OL].http://www.shsee.com/news/rd/6569.html，2014-09-24.

[28] 江南古镇南浔人杰地灵，刘镛张静江为何都选择在此地安宅？[EB/OL].https://www.takefoto.cn/viewnews-1769470.html，2019-04-25.

[29] 江苏又一古镇走红，人称"园林之镇"，距离市中心仅10

公里 [EB/OL].https://baijiahao.baidu.com/s?id=1680974180826764
927&wfr=spider&for=pc，2020-10-19.

[30] 角角落落里藏着曼妙风情！朱家角也太好逛了
吧！[EB/OL].https://sghexport.shobserver.com/html/
baijiahao/2021/03/11/380515.html，2022-3-21.

[31] 解读 | 古镇，文脉与传承 [EB/OL].https://baijiahao.baidu.
com/s?id=1612549701661975130&wfr=spider&for=pc，2018-
09-25.

[32] 堪称中国江南的封面，"水"和"丝"贯穿了这个古镇的前
世今生 [EB/OL].https://baijiahao.baidu.com/s?id=16918379823946
70863&wfr=spider&for=pc，2021-02-16.

[33] 来和顺别忘了去八大宗祠看看，不仅是家族的
圣殿，也是文化的象征 [EB/OL]. https://new.qq.com/
omn/20211125/20211125A02AOI00.html，2021-11-25.

[34] 留住古镇⑦ | 走进朱家角：长街三里仍在，烟火千家水边
[EB/OL].https://www.sohu.com/a/487974401_260616，2021-
09-06.

[35] 南浔古镇，有很多不同的韵味，值得去细细品味 [EB/OL].
https://baijiahao.baidu.com/s?id=1689760328565225171&wfr=spi
der&for=pc，2021-01-24.

[36] 南浔古镇的水街风情 [EB/OL].http://www.360doc.com/co
ntent/22/0320/16/66554408_1022398201.shtml，2022-03-20.

[37] 南浔洋溢着江南水乡古镇诗画一般的神韵 [EB/OL].https://

www.tuniu.com/trips/12563126，2017-07-31.

[38] 暖泉古镇 | 梦里蔚州不思归，树花烟火暖泉飞 [EB/OL].
https://baijiahao.baidu.com/s?id=1648075712821531759&wfr=spi
der&for=pc，2019-10-22.

[39] 七律·题社旗山陕会馆 [EBL/OL].https://www.jianshu.
com/p/6a3e16285c3b，2021-08-15.

[40] 上海有座水乡古镇，明清时已称著江南，号称"沪上第一大
镇"[EB/OL].https://baijiahao.baidu.com/s?id=16824999161138465
06&wfr=spider&for=pc，2020-11-05.

[41] 赊店古镇和酒乡特色文化创意园项目纳入省"十四五"文化
旅游融合发展规划 [EB/OL].https://baijiahao.baidu.com/s?id=1724
757731011309743&wfr=spider&for=pc，2022-02-15.

[42] 胜芳古镇一日游攻略 [EB/OL].https://jingyan.baidu.com/
article/3ea51489a308f952e71bba66.html，2017-04-05.

[43] 首批天府旅游名县巡礼·阆中篇 | 乘风破浪 阆中绘制"一
核三区两带"全域画卷 [EB/OL]. https://sichuan.scol.com.cn/
ggxw/202009/57903642.html，2020-09-17.

[44] 四川有一座冷门古镇，被称为小山城，位于川黔交界处
[EB/OL].https://baijiahao.baidu.com/s?id=1704048861478204712
&wfr=spider&for=pc，2021-07-01.

[45] 苏州甪直：唐风宋韵 明清遗存 忆往昔诗词印象 [EB/OL].
https://www.sohu.com/a/126814738_404949，2017-02-21.

[46] 为什么瓷器在日语中写作"磁器"？[EB/OL].http://japan.

people.com.cn/n1/2020/0826/c433604-31837739.html，2020-08-26.

[47] 文化 | 磁器口地区的九宫十八庙 你都知道哪些？ [EB/OL].https://www.sohu.com/a/133766717_563335，2017-04-13.

[48] 乌镇，"鱼米之乡，丝绸之府" [EB/OL].https://zhuanlan.zhihu.com/p/329819039，2020-12-04.

[49] 西塘，为什么被称为最具原生态型的古镇？ [EB/OL].https://baijiahao.baidu.com/s?id=1655955416753482772&wfr=spider&for=pc，2020-01-17.

[50] 江南水乡之西塘 [EB/OL] http://www.360doc.com/content/21/0722/07/7793103_987669809.shtml，2021-07-22.

[51] 小桥流水人家·同里 [EB/OL].http://www.360doc.com/content/21/1116/06/7793103_1004350355.shtml，2021-11-16.

[52] 新疆这座古堡土崖，因陶而成，曾可与景德镇媲美，如今却少有人知 [EB/OL].https://baijiahao.baidu.com/s?id=1672609723076356509&wfr=spider&for=pc，2020-07-19.

[53] 续写丝路新篇章 | 喀什古城：丝绸之路上一座鲜活如初的千年古城 [EB/OL].https://baijiahao.baidu.com/s?id=1712061380386861332&wfr=spider&for=pc，2021-09-27.

[54] 寻宋 | 无双甪直保圣寺 [EB/OL].https://www.jianshu.com/p/a2d3f2ae914c，2021.12.08.

[55] 盐城市美丽的小古镇，古塔古寺古书院，不同古镇的风情 [EB/OL].https://baijiahao.baidu.com/s?id=1703431612181869693&

wfr=spider&for=pc，2021-06-24.

[56] 易武古镇：不是普通的西双版纳，而是茶马古道被遗忘的南起点 [EB/OL].https://baijiahao.baidu.com/s?id=1666290767056483576&wfr=spider&for=pc，2020-05-10.

[57] "右有山河之固，左有负海之饶"有这等美誉，它在山东哪里？[EB/OL].https://baijiahao.baidu.com/s?id=1653675692208598526&wfr=spider&for=pc，2019-12-24.

[58] 云南有一千年古镇，环境恬静舒适，满满的民族风情，游客：太美了 [EB/OL].https://baijiahao.baidu.com/s?id=1706696018672088061&wfr=spider&for=pc，2021-08-03.

[59] 这个古镇是中国古典文化的一个大观园！也有天下盐仓的美称！[EB/OL].https://baijiahao.baidu.com/s?id=1703594205340018037&wfr=spider&for=pc，2021-06-26.

[60] 这里既是"文化之邦"，也是"诗书之乡"，明清时期的蚕丝名镇 [EB/OL].https://www.sohu.com/a/419891199_120411595，2021-05-13.

[61] 镇远舞阳河，孔雀开屏的地方 [EB/OL].https://gs.ctrip.com/html5/you/travels/1840/2979499.html，2020-08-12.

[62] 中国的世界遗产 山西平遥古城 [EB/OL].http://www.cctv.com/geography/shijieyichan/sanji/pingyao.html，2202-04-25.

[63] 中国古镇旅游发展趋势研究报告 [EB/OL].https://wenku.baidu.com/view/d4a00618b8f3f90f76c66137ee06eff9aff8493c.html，2020-04-30.

[64] 中国最后的枕水人家 [EB/OL].https://www.sohu.com/a/428006875_120051255，2020-10-28.

[65] 周庄古镇，有古老的建筑，浓厚的文化气息，琳琅满目的美食 [EB/OL].https://baijiahao.baidu.com/s?id=1703517021539988785&wfr=spider&for=pc，2021-06-26.

[66] 周庄古镇的民俗风情 [EB/OL].https://jingyan.baidu.com/article/90bc8fc841e1b9f652640c7f.html，2017-05-10.

[67] 朱家角古镇，一个让人想要停留为它写诗的地方，雨天与古镇更配 [EB/OL].https://baijiahao.baidu.com/s?id=1703164702445687315&wfr=spider&for=pc，2021-06-21.

[68] 走遍中国古镇 | 022 福宝——盐帮驿站 [EB/OL].https://www.163.com/dy/article/GCUR629G05372YXM.html，2021-06-20.

[69] 走进安昌：桥，桥，桥 [EB/OL].http://www.360doc.com/content/21/0521/14/6657566_978313029.shtml，2021-05-21.